Taş Devri Mutfağı
Sağlıklı Yaşamın Kökleri

Arda Uğur

İçindekiler

PEACE

KURUTULMUŞ KIRAZ ADAÇAYI İSKOÇ YUMURTASI

HAZIRLIK:20 dakika pişirin: 35 dakika: 4 porsiyon

BU KLASIK İNGILIZ PUB ATIŞTIRMALIKLARIMÜKEMMEL BIR PALEO KAHVALTISINA DÖNÜŞÜR. HAŞLANMIŞ YUMURTALARI HAZIRLARSANIZ, BU TARIF ÇOK HIZLI BIR ŞEKILDE BIR ARAYA GELIR VE DAHA KOLAY SOYULUR. BUZDOLABINDA BIR KASE HAŞLANMIŞ YUMURTA SAKLAMAK, HIZLI KAHVALTILAR VE ATIŞTIRMALIKLAR IÇIN IYI BIR FIKIRDIR.

1 pound yağsız domuz eti

½ su bardağı doğranmış, şeker ilavesiz kurutulmuş kiraz

2 yemek kaşığı doğranmış taze adaçayı

1 yemek kaşığı doğranmış taze mercanköşk

1 çay kaşığı taze çekilmiş karabiber

¼ çay kaşığı taze çekilmiş hindistan cevizi

⅛ çay kaşığı öğütülmüş karanfil

4 adet haşlanmış büyük yumurta, soğutulmuş ve soyulmuş*

½ su bardağı badem unu

1 çay kaşığı kurutulmuş adaçayı, ezilmiş

½ çay kaşığı kurutulmuş mercanköşk, ezilmiş

2 yemek kaşığı sızma zeytinyağı

Dijon tarzı hardal (bkz.<u>Yemek tarifi</u>)

1. Fırını 375°F'ye önceden ısıtın. Bir fırın tepsisini parşömen kağıdı veya folyo ile hizalayın. kenara koymak. Büyük bir kapta domuz eti, kiraz, taze adaçayı, taze mercanköşk, biber, hindistan cevizi ve karanfilleri birleştirin.

2. Domuz eti karışımını dört eşit köfte haline getirin. Her köftenin üzerine bir yumurta koyun. Her yumurtanın etrafındaki köfteyi şekillendirin. Sığ bir kapta veya pasta tabağında badem ununu,

kurutulmuş adaçayı ve kurutulmuş mercanköşkünü birleştirin. Her sosis kaplı yumurtayı badem unu karışımında yuvarlayarak kaplayın. Hazırlanan fırın tepsisine yerleştirin. Zeytinyağı gezdirin.

3. 35 ila 40 dakika veya sosis tamamen pişene kadar pişirin. Dijon usulü hardalla servis yapın.

*İpucu: Yumurtaları sert bir şekilde kaynatmak için yumurtaları büyük bir tencereye tek kat halinde yerleştirin. 1 ila 2 inç su ile örtün. Kaynatın. 1 dakika pişirin. Ateşten alın. Örtün ve 12 ila 15 dakika bekletin.

KARNABAHAR BIFTEK VE YUMURTA

HAZIRLIK:20 dakika pişirin: 25 dakika pişirin: 4 kişilik

KALIN DILIMLER KESILIRLEZZETLI "BIFTEKLER" OLUŞTURMAK IÇIN BIR KARNABAHAR BAŞI, DAHA SONRA ZEYTINYAĞINDA KIZARANA VE ÇITIR ÇITIR OLANA KADAR KIZARTILIR, ÜZERINE HAŞLANMIŞ YUMURTA EKLENIR VE SOTELENMIŞ LAHANA YATAĞINDA SERVIS EDILIR.

1 baş karnabahar, yaprakları çıkarılmış

1½ çay kaşığı Dumanlı Baharat (bkz.<u>Yemek tarifi</u>)

5 yemek kaşığı sızma zeytinyağı

4 büyük yumurta

1 yemek kaşığı beyaz veya elma sirkesi

2 büyük diş sarımsak, kıyılmış

4 su bardağı kıyılmış lahana

1. Karnabaharın sap ucunu bir kesme tahtası üzerine yerleştirin. Büyük, keskin bir bıçak kullanarak karnabaharı, karnabaharın ortasından dört ½ inçlik biftekler halinde kesin, gövde ucunu kesin (bazı çiçekler gevşeyebilir; başka bir kullanım olmadığı sürece).

2. Bifteklerin her iki tarafını da 1 çay kaşığı Dumanlı Baharatla baharatlayın. Ekstra büyük bir tavada 2 yemek kaşığı zeytinyağını orta-yüksek ateşte ısıtın. 2 karnabahar bifteği ekleyin. Her iki tarafını da 4 dakika veya altın rengi kahverengi olana ve yumuşayana kadar pişirin. Tavadan çıkarın ve folyoyla hafifçe örtün. 200°F fırında sıcak tutun. Kalan 2 biftek ve 2 yemek kaşığı zeytinyağı ile aynı işlemi tekrarlayın.

3. Yumurtaları haşlamak için ayrı bir tavayı yaklaşık 3 inç suyla doldurun. Sirke ekleyin ve kaynatın. Yumurtaları birer birer küçük

bir kaseye veya fırın tepsisine yerleştirin ve dikkatlice kaynayan suya kaydırın. Yumurtaların 30 ila 45 saniye veya beyazları katılaşana kadar pişmesine izin verin. Isıtmayı kapatın. Sarısını ne kadar yumuşak sevdiğinize bağlı olarak üzerini örtün ve 3 ila 5 dakika haşlayın.

4. Aynı tavada kalan 1 yemek kaşığı zeytinyağını ısıtın. Sarımsak ekleyin ve 30 saniye ile 1 dakika arasında pişirin. Lahanayı ekleyin ve pişirin ve 1 ila 2 dakika ya da sadece solana kadar karıştırın.

5. Servis yapmak için lahanayı dört tabağa bölün. Her birine karnabahar bifteği ve haşlanmış yumurta ekleyin. Kalan ½ çay kaşığı Dumanlı Baharat ile yumurtaları serpin ve hemen servis yapın.

HINDI, ISPANAK VE KUŞKONMAZ FRITTATA

BU GÜZEL FRITTATA YEŞIL BENEKLIÇOK HIZLI BIR ŞEKILDE BIR ARAYA GELIR VE GÜNÜ BAŞLATMAK VEYA BITIRMEK IÇIN HARIKA BIR YOLDUR. DAHA KARMAŞIK BIR YEMEK HAZIRLAMAK IÇIN ZAMANINIZ OLMADIĞINDA HIZLI BIR AKŞAM YEMEĞI IÇIN IDEALDIR. DÖKME DEMIR TAVAYA GEREK YOKTUR ANCAK ÇOK IYI SONUÇLAR VERIR.

2 yemek kaşığı sızma zeytinyağı

1 diş sarımsak, kıyılmış

4 ons öğütülmüş hindi göğsü

¼ ila ½ çay kaşığı karabiber

½ fincan ½ inç uzunluğunda taze kuşkonmaz parçaları

1 su bardağı taze bebek ıspanak yaprağı, doğranmış

4 büyük yumurta

1 yemek kaşığı su

2 çay kaşığı doğranmış taze dereotu

1 yemek kaşığı kıyılmış taze maydanoz

1. Izgarayı, ısıtma elemanından 4 inç uzakta fırın rafı ile önceden ısıtın.

2. Fırına dayanıklı orta boy bir tavada 1 yemek kaşığı zeytinyağını orta-yüksek ateşte ısıtın. Sarımsak ekleyin; Altın kahverengi olana kadar pişirin ve karıştırın. Öğütülmüş hindiyi ekleyin; Biber serpin. Etler kızarana ve iyice pişene kadar 3 ila 4 dakika pişirin ve karıştırın. Eti parçalamak için tahta kaşıkla karıştırın. Pişmiş hindiyi bir kaseye koyun; kenara koymak.

3. Tavayı ocağa geri koyun. Kalan 1 yemek kaşığı zeytinyağını tavaya dökün. Kuşkonmaz ekleyin; yumuşayana kadar orta ateşte pişirin ve karıştırın. Pişmiş hindiyi ve ıspanağı karıştırın. 1 dakika pişirin.

4. Orta boy bir kapta yumurtaları su ve dereotu ile çırpın. Yumurta karışımını tavadaki hindi karışımının üzerine dökün. 1 dakika pişirin ve karıştırın. Tavayı fırına yerleştirin ve 3 ila 4 dakika veya yumurtalar sertleşip üstü kızarıncaya kadar kızartın. Kıyılmış maydanoz serpin.

KÖZLENMIŞ BIBER VE HARISSA ILE TUNUS USULÜ ÇIRPILMIŞ YUMURTA

1 küçük kırmızı biber

1 küçük sarı biber

1 küçük poblano biber (bkz.Uç)

1 yemek kaşığı sızma zeytinyağı

6 büyük yumurta

¼ çay kaşığı öğütülmüş tarçın

½ çay kaşığı öğütülmüş kimyon

⅓ bardak altın kuru üzüm

⅓ su bardağı doğranmış taze maydanoz

1 yemek kaşığı harissa (bkz.Yemek tarifi)

1. Izgarayı, fırın rafı ile ısıdan 3 ila 4 inç uzakta olacak şekilde önceden ısıtın. Biberleri uzunlamasına ikiye bölün; Sapları ve tohumları çıkarın. Biber yarımlarını, kesilmiş kenarları aşağıya gelecek şekilde folyo kaplı bir fırın tepsisine yerleştirin. 8 dakika veya biber kabukları siyahlaşana kadar kızartın. Biberleri folyoya sarın. 5 dakika soğumaya bırakın. Biberleri ambalajından çıkarın; Kararmış cildi soymak için keskin bir bıçak kullanın. Biberleri ince şeritler halinde kesin; kenara koymak.

2. Büyük bir kapta yumurta, tarçın ve kimyonu birleştirin. Köpürene kadar karıştırın. Biber şeritlerini, kuru üzümleri, maydanozu ve harissayı ekleyin.

3. Büyük bir tavada zeytinyağını orta-yüksek ateşte ısıtın. Yumurta karışımını tavaya ekleyin. Sık sık karıştırarak yaklaşık 5 ila 7

dakika veya yumurtalar sertleşene ancak hala nemli ve parlak olana kadar pişirin. Derhal servis yapın.

YUMURTA ŞAKŞUKA

¼ bardak sızma zeytinyağı

1 büyük soğan, yarıya bölünmüş ve ince dilimlenmiş

1 büyük kırmızı dolmalık biber, ince dilimlenmiş

1 büyük turuncu dolmalık biber, ince dilimlenmiş

1 çay kaşığı öğütülmüş kimyon

½ çay kaşığı füme kırmızı biber

½ çay kaşığı ezilmiş kırmızı biber

4 diş sarımsak, kıyılmış

2 adet 14,5 onsluk kutu organik tuzsuz ateşte kavrulmuş
   doğranmış domates

6 büyük yumurta

Taze çekilmiş karabiber

¼ bardak doğranmış taze kişniş

¼ bardak ezilmiş taze fesleğen

1. Fırını 400°F'ye önceden ısıtın. Fırına dayanıklı büyük bir tavada yağı orta-yüksek ateşte ısıtın. Soğanı ve biberi ekleyin. 4 ila 5 dakika veya sebzeler yumuşayana kadar pişirin ve karıştırın. Kimyon, kırmızı biber, ezilmiş kırmızı biber ve sarımsak ekleyin; 2 dakika pişirin ve karıştırın.

2. Domatesleri karıştırın. Kaynatın; Isıyı azaltın. Yaklaşık 10 dakika veya koyulaşana kadar ağzı açık olarak pişirin.

3. Yumurtaları domates karışımının üzerine bir tavaya koyun. Tavayı önceden ısıtılmış fırına yerleştirin. Kapağı açık olarak 7 ila 10 dakika veya yumurtalar sertleşene kadar pişirin (sarısı hala akıcı olmalıdır).

4. Karabiber serpin. Kişniş ve fesleğen ile süsleyin. hemen servis yapın.

SOMON VE ISPANAKLI FIRINDA YUMURTA

HAZIRLIK:20 dakika pişirin: 15 dakika: 4 porsiyon

1 yemek kaşığı sızma zeytinyağı

1 yemek kaşığı taze kekik yaprağı

Taze rendelenmiş Hindistan cevizi

10 ons bebek ıspanak yaprağı (6 bardak paketlenmiş)

2 yemek kaşığı su

8 ons ızgara veya kavrulmuş somon

1 çay kaşığı ince kıyılmış limon kabuğu

½ çay kaşığı Dumanlı Baharat (bkz.<u>Yemek tarifi</u>)

8 büyük yumurta

1. Fırını 375°F'ye önceden ısıtın. Dört adet 6 ila 8 onsluk ramekinlerin içini zeytinyağıyla fırçalayın. Kekik yapraklarını ramekinlerin arasına eşit şekilde dağıtın. Taze rendelenmiş hindistan cevizini hafifçe serpin. Kenara koymak.

2. Kapalı orta boy bir tencerede ıspanak ve suyu birleştirin. Kaynatın; ateşten alın. Ispanakları kaldırın ve solana kadar maşayla çevirin. Ispanakları ince gözenekli bir süzgecin içine yerleştirin. Fazla sıvıyı serbest bırakmak için sıkıca sıkın. Ispanakları hazırlanan ramekinlerin arasına bölün. Somonu ramekinler arasında eşit şekilde soyun. Somonu limon kabuğu rendesi ve dumanlı baharatla serpin. Her pişirme kabına 2 yumurta koyun.

3. Doldurulmuş ramekinleri büyük bir fırın tepsisine yerleştirin. Fırın tepsisine ramekinlerin yarısına kadar sıcak su dökün. Fırın tepsisini dikkatlice fırına yerleştirin.

4. 15 ila 18 dakika veya yumurta akları katılaşana kadar pişirin. Derhal servis yapın.

TAZE SOĞAN, MANTAR VE ÇIN LAHANASI ILE YUMURTA DAMLASI ÇORBASI

0,5 ons güneşte kurutulmuş wakame

3 yemek kaşığı rafine edilmemiş hindistancevizi yağı

2 arpacık soğan, doğranmış

1 2 inçlik parça taze zencefil, soyulmuş ve çok ince kibrit çöpü boyutunda şeritler halinde kesilmiş

1 yıldız anason

1 kiloluk shiitake mantarı, sapları alınmış ve dilimlenmiş

1 çay kaşığı beş baharat tozu

¼ çay kaşığı karabiber

8 su bardağı dana kemik suyu (bkz.<u>Yemek tarifi</u>) veya tuz eklenmemiş et suyu

¼ bardak taze limon suyu

3 büyük yumurta

6 adet taze soğan, ince dilimlenmiş

2 kafa baby bok choy, ¼ inç kalınlığında dilimler halinde kesilmiş

1. Orta boy bir kapta wakame'yi sıcak suyla doldurun. 10 dakika veya yumuşak ve esnek hale gelinceye kadar bekletin. İyice boşaltın; İyice yıkayıp tekrar süzün. Wakame şeritlerini 1 inçlik parçalar halinde kesin; kenara koymak.

2. Büyük bir tencerede hindistancevizi yağını orta ateşte ısıtın. Arpacık soğanı, zencefil ve yıldız anasonu ekleyin. Yaklaşık 2 dakika veya arpacık soğanları yarı saydam oluncaya kadar pişirin ve karıştırın. Mantar ekleyin; 2 dakika pişirin ve karıştırın.

Mantarların üzerine beş adet toz baharat ve karabiber serpin. 1 dakika pişirin ve karıştırın. Ayrılmış wakame, sığır kemik suyu ve limon suyunu ekleyin. Karışımı kaynama noktasına getirin.

3. Küçük bir kapta yumurtaları çırpın. Çırpılmış yumurtaları kaynayan et suyuna dökün, et suyunu sekiz şeklinde hareket ettirin. Çorbayı ocaktan alın. Taze soğanları karıştırın. Çin lahanasını büyük, ısıtılmış kaselere bölün. Çorbayı kaselere koyun; hemen servis yapın.

İRAN TATLI OMLETI

6 büyük yumurta

½ çay kaşığı öğütülmüş tarçın

¼ çay kaşığı öğütülmüş kakule

¼ çay kaşığı öğütülmüş kişniş

1 çay kaşığı ince kıyılmış portakal kabuğu

½ çay kaşığı saf vanilya özü

1 yemek kaşığı rafine hindistan cevizi yağı

⅔ bardak çiğ kaju fıstığı, kabaca doğranmış ve kızartılmış

⅔ bardak çiğ badem, kabaca doğranmış ve kızartılmış

⅔ bardak çekirdekleri çıkarılmış ve doğranmış Medjool
    hurmaları

½ bardak çiğ hindistan cevizi gevreği

1. Orta boy bir kapta yumurtaları, tarçını, kakuleyi, kişnişi, portakal kabuğu rendesini ve vanilya özünü kabarıncaya kadar çırpın. kenara koymak.

2. Büyük bir tavada, Hindistan cevizi yağını orta-yüksek ateşte tavanın ortasında bir damla su cızırdayana kadar ısıtın. Yumurta karışımını ekleyin; Isıyı orta seviyeye düşürün.

3. Yumurtaların tavanın kenarlarına yapışıncaya kadar pişmesine izin verin. Isıya dayanıklı bir spatula kullanarak, kalan sıvı yumurta karışımının alttan akmasını sağlamak için tavayı eğerek yumurta karışımının bir kenarını yavaşça tavanın ortasına doğru bastırın. Sıvı neredeyse katı hale gelinceye, ancak yumurtalar hala nemli ve parlak olana kadar tavanın kenarlarında tekrarlayın. Omletin kenarlarını spatula ile gevşetin; Omleti dikkatlice tavadan alıp servis tabağına alın.

4. Omletin üzerine kaju fıstıklarını, bademleri, hurma ve hindistan cevizini serpin. Derhal servis yapın.

KARIDES VE YENGEÇ CHAWANMUSHI

"CHAWANMUSHI" KELIMENIN TAM ANLAMIYLA "BIR ÇAY FINCANINI BUHARDA PIŞIRMEK" ANLAMINA GELIR.BU, JAPON YUMURTALI MUHALLEBININ GELENEKSEL OLARAK NASIL PIŞIRILDIĞINE, YANI BIR ÇAY FINCANI IÇINDE BUHARDA PIŞIRILDIĞINE GÖNDERME YAPIYOR. KREMALI, LEZZETLI YEMEK SICAK VEYA SOĞUTULMUŞ OLARAK SERVIS EDILEBILIR. BIRAZ MUTFAK BILGISI: KAŞIKLA YENILEN NADIR JAPON YEMEKLERINDEN BIRIDIR.

- 2 ons taze veya dondurulmuş karides, soyulmuş, ayrılmış ve doğranmış
- 1½ ons taze veya dondurulmuş Dungeness veya kar yengeç eti*
- 2½ bardak tavuk kemiği suyu (bkz.<u>Yemek tarifi</u>), sığır eti kemik suyu (bkz.<u>Yemek tarifi</u>) veya tuz eklenmemiş, soğutulmuş tavuk veya et suyu
- ⅔ bardak shiitake mantarı, sapları ayıklanmış ve doğranmış
- 1 1 inç parça taze zencefil, soyulmuş ve ince dilimlenmiş
- ⅛ çay kaşığı tuzsuz beş baharat tozu
- 3 büyük yumurta, dövülmüş
- ⅓ su bardağı küçük doğranmış kabak
- 2 yemek kaşığı doğranmış taze kişniş

1. Karides ve yengeç donmuşsa çözdürün. Karidesleri ve yengeçleri durulayın; Kağıt havluyla hafifçe vurarak kurulayın. Kenara koymak. Küçük bir tencerede 1½ su bardağı et suyu, ⅓ su bardağı doğranmış shiitake mantarı, zencefil ve beş baharat tozunu kaynatın; Isıyı azaltın. Yaklaşık 15 dakika, 1 bardağa

düşene kadar yavaşça pişirin. Tencereyi ocaktan alın. Kalan 1 bardak suyu ilave edin; Yaklaşık 20 dakika oda sıcaklığına soğumaya bırakın.

2. Et suyu tamamen soğuduğunda, yumurtaları mümkün olduğunca az hava kullanarak dikkatlice çırpın. Karışımı bir kasenin üzerinde ince gözenekli bir elekten geçirin; Katıları atın.

3. Karides, yengeç, kabak, kişniş ve kalan ⅓ bardak mantarları dört adet 8 ila 10 onsluk ramekin veya kaplara bölün. Yumurta karışımını her biri yarım ila dörtte üçü dolu olacak şekilde ramekinlere bölün. kenara koymak.

4. Ekstra büyük bir stok kabını 1½ inç suyla doldurun. Örtün ve kaynatın. Isıyı orta-düşük seviyeye düşürün. Dört ramekini stok kabına yerleştirin. Ramekinlerin kenarlarının yarısına kadar yeterli miktarda ilave kaynar su dökün. Ramekinleri gevşek bir şekilde folyo ile örtün. Tencereyi sıkı bir kapakla kapatın ve yaklaşık 15 dakika veya yumurta karışımı katılaşana kadar buharda pişirin. Pişip pişmediğini kontrol etmek için pudingin ortasına bir kürdan batırın. Berrak et suyu çıkıyorsa hazır demektir. Ramekinleri dikkatlice çıkarın. Servis yapmadan önce 10 dakika soğumaya bırakın. Sıcak veya soğutulmuş olarak servis yapın.

Not: Tarife başlamadan önce, dört ramekini veya bardağı dik tutabilecek, sıkı oturan kapaklı ekstra büyük bir tencere bulun. Fincanlar içerideyken, kapağı tıkamadan fincanların üstünü kaplayacak temiz, %100 pamuklu bir bez veya havlu bulun.

*İpucu: 1½ ons yengeç eti yapmak için 4 ons kabuklu yengeç gerekir.

İpucu: Mantarlar ve baharatlar 1. adımda et suyuna lezzet katar. Daha hızlı bir versiyon için, 2 bardak et suyu kullanın ve zencefil, beş baharat tozu ve ⅓ bardak shiitakes'i atlayarak Adım 2 ile başlayın. Yumurta karışımını süzmeye gerek yoktur.

TAVUK SOSISI KARMA

HER NE KADAR BU LEZZETLI KARMA MÜKEMMEL OLSA
DAKENDI BAŞINA LEZZETLI, TAZE YUMURTALARI
HAŞLAMADAKI KUYUCUKLARA KIRMAK VE HAFIFÇE
KATILAŞANA KADAR PIŞMELERINE IZIN VERMEK - SARILARIN
HAŞHAŞIN IÇINE AKMASINI SAĞLAMAK - ONU ÖZELLIKLE
LEZZETLI KILAR.

2 kilo öğütülmüş tavuk

1 çay kaşığı kurutulmuş kekik

1 çay kaşığı kurutulmuş adaçayı

½ çay kaşığı kurutulmuş biberiye

¼ çay kaşığı karabiber

2 yemek kaşığı sızma zeytinyağı

2 su bardağı doğranmış soğan

1 yemek kaşığı kıyılmış sarımsak

1 su bardağı doğranmış yeşil biber

1 su bardağı rendelenmiş kırmızı veya altın pancar

½ bardak tavuk kemik suyu (bkz.<u>Yemek tarifi</u>) veya tuz
eklenmemiş tavuk suyu

1. Büyük bir kapta, öğütülmüş tavuk, kekik, adaçayı, biberiye ve
karabiberi birleştirin ve baharatları etin her yerine eşit şekilde
dağıtmak için karışımı ellerinizle birlikte çalıştırın.

2. Ekstra büyük bir tavada 1 yemek kaşığı yağı orta-yüksek ateşte
ısıtın. Tavuk ekleyin; Eti parçalamak için tahta bir kaşıkla
karıştırarak yaklaşık 8 dakika veya hafifçe kızarana kadar pişirin.
Delikli bir kaşık kullanarak eti tavadan çıkarın. kenara koymak.
Yağı tavadan boşaltın. Tavayı temiz bir kağıt havluyla silin.

3. Aynı tavada kalan 1 yemek kaşığı yağı orta-yüksek ateşte ısıtın.
Soğan ve sarımsak ekleyin; yaklaşık 3 dakika veya soğanlar
yumuşayana kadar pişirin. Soğan karışımına biberleri ve
rendelenmiş pancarları ekleyin; ara sıra karıştırarak yaklaşık 4 ila
5 dakika veya sebzeler yumuşayana kadar pişirin. Ayrılmış tavuk
karışımını ve tavuk kemik suyunu ilave edin. Tamamen ısıtın.

İpucu: İsterseniz karmada dört girinti yapın. Her kuyuya bir
yumurta kırın. Kapağını kapatıp orta ateşte yumurtalar istenilen
kıvama gelinceye kadar pişirin.

BIBERIYE ARMUT KAHVALTI SOSISLERI

KIYILMIŞ ARMUT BU LEZZETLI SOSISLERI YAPARBIR MIKTAR TATLILIK - BIBERIN DUMANLI TADI IÇIN MÜKEMMEL BIR TAMAMLAYICI. TEK BAŞINA YA DA YUMURTAYLA BIRLIKTE TADINI ÇIKARIN.

- 1 pound kıyma domuz eti
- 1 olgun orta boy armut (Bosc, Anjou veya Bartlett gibi), soyulmuş, çekirdeği çıkarılmış ve doğranmış
- 2 yemek kaşığı ince doğranmış yeşil soğan
- 2 çay kaşığı doğranmış taze biberiye
- 1 çay kaşığı rezene tohumu, ezilmiş
- ½ çay kaşığı füme kırmızı biber
- ¼ ila ½ çay kaşığı taze çekilmiş karabiber
- 2 diş sarımsak, kıyılmış
- 1 yemek kaşığı zeytinyağı

1. Orta boy bir kapta kıyılmış domuz eti, armut, yeşil soğan, biberiye, rezene tohumu, füme kırmızı biber, biber ve sarımsağı birleştirin. Malzemeleri iyice karışıncaya kadar yavaşça karıştırın. Karışımı sekiz eşit parçaya bölün. Sekiz ½ inç kalınlığında köfteler haline getirin.

2. Ekstra büyük bir tavada zeytinyağını orta ateşte sıcak olana kadar ısıtın. Köftelerin yarısını ekleyin; 8 ila 10 dakika veya iyice kızarana ve iyice pişene kadar pişirin, sosisleri yarıya kadar çevirin. Tavadan çıkarın ve süzülmesi için kağıt havluyla kaplı bir tabağa yerleştirin. Kalan sosisleri pişirirken sıcak kalmak için folyoyla hafifçe çadırlayın.

KÜBA USULÜ KIYILMIŞ DANA TAVADA KIZARTMA

BITIRMEK IÇIN BAŞLA:30 dakikada: 4 porsiyon

ARTIK BRISKET KULLANIM IÇIN IDEALDIRBU TARIFTE. MANGO, JICAMA, CHILI VE KAVRULMUŞ KABAK ÇEKIRDEĞI SALATASI ILE MEKSIKA KIZARMIŞ GÖĞÜS ETI'NIN TADINI ÇIKARDIKTAN SONRA DENEYIN (BKZ.<u>YEMEK TARIFI</u>) VEYA DANA GÖĞÜS ETI VE TAZE KIRMIZI BIBERLI HARISSALI MARUL DÜRÜMLERI (BKZ.<u>YEMEK TARIFI</u>) AKŞAM YEMEĞI IÇIN.

- 1 demet kara lahana veya 4 su bardağı hafif paketlenmiş çiğ ıspanak
- 2 yemek kaşığı sızma zeytinyağı
- ½ su bardağı doğranmış soğan
- 2 orta boy yeşil biber, şeritler halinde kesilmiş
- 2 çay kaşığı kurutulmuş kekik
- ½ çay kaşığı öğütülmüş kimyon
- ½ çay kaşığı öğütülmüş kişniş
- ½ çay kaşığı füme kırmızı biber
- 3 diş sarımsak, kıyılmış
- 2 ons pişmiş sığır eti, kıyılmış
- 1 çay kaşığı ince kıyılmış portakal kabuğu
- ⅓ bardak taze portakal suyu
- 1 su bardağı ikiye bölünmüş kiraz domates
- 1 yemek kaşığı taze limon suyu
- 1 olgun avokado, çekirdeği çıkarılmış, soyulmuş ve dilimlenmiş

1. Karalahananın kalın saplarını çıkarın ve atın. Yaprakları ısırık büyüklüğünde parçalar halinde kesin; kenara koymak.

2. Ekstra büyük bir tavada zeytinyağını orta ateşte ısıtın. Soğan ve dolmalık biber ekleyin; 3 ila 5 dakika veya sebzeler yumuşayana kadar pişirin. Kekik, kimyon, kişniş, füme kırmızı biber ve sarımsak ekleyin; iyice karıştırın. Kıyılmış sığır eti, portakal kabuğu rendesi ve portakal suyunu ekleyin; birleştirmek için karıştırın. Kara lahana ve domatesleri ekleyin. Kapağı kapalı olarak 5 dakika veya domateslerin suyu çıkana ve kara lahanalar yumuşayana kadar pişirin. Limon suyunu gezdirin. Dilimlenmiş avokado ile servis yapın.

FRANSIZ TAVUK TAVASI

HAZIRLIK:40 dakika pişirin: 10 dakika bekletin: 2 dakika bekletin
Yapılışı: 4 ila 6 porsiyon

PIŞMIŞ TAVUK YEMEK UYGUNDURPROTEIN AÇISINDAN ZENGIN BIR KAHVALTIYI ÇOK DAHA HIZLI HAZIRLAMAK IÇIN BUZDOLABINDA. SAFRANLI VE LIMONLU KIZARMIŞ TAVUKTAN ARTA KALANLAR OLSUN (BKZ.<u>YEMEK TARIFI</u>) VEYA BUNUN GIBI YEMEKLER IÇIN ÖZEL OLARAK HAZIRLADIĞINIZ FIRINDA PIŞMIŞ TAVUKTAN. ELINIZIN ALTINDA OLMASI HARIKA.

- 1 0,5 onsluk paket kurutulmuş chanterelles
- 8 ons taze kuşkonmaz
- 2 yemek kaşığı zeytinyağı
- 1 orta boy soğan rezene, çekirdekleri çıkarılmış ve ince dilimlenmiş
- ⅔ bardak dilimlenmiş pırasa, yalnızca beyaz ve açık yeşil kısımları
- 1 yemek kaşığı Provence Otları
- 3 su bardağı doğranmış pişmiş tavuk
- 1 su bardağı doğranmış, çekirdekleri çıkarılmış domates
- ¼ bardak tavuk kemik suyu (bkz.<u>Yemek tarifi</u>) veya tuz eklenmemiş tavuk suyu
- ¼ bardak sek beyaz şarap
- 2 çay kaşığı ince kıyılmış limon kabuğu
- 4 su bardağı iri kıyılmış kırmızı veya gökkuşağı pazı yaprağı
- ¼ bardak doğranmış taze fesleğen
- 2 yemek kaşığı doğranmış taze nane

1. Kurutulmuş mantarları ambalaj talimatlarına göre yeniden sulandırın. salmak. Tekrar durulayın ve boşaltın; kenara koymak.

2. Bu sırada kuşkonmazın tahta tabanlarını koparıp atın. İstenirse pulları kazıyın. Kuşkonmazı 2 inçlik parçalar halinde kesin. Büyük bir tencerede kuşkonmazı kaynar suda 3 dakika veya çıtır çıtır olana kadar pişirin. salmak. Pişirmeyi durdurmak için hemen buzlu suya daldırın. kenara koymak.

3. Ekstra büyük bir tavada yağı orta ateşte ısıtın. Rezene, pırasa ve Provence otlarını ekleyin; Ara sıra karıştırarak 5 dakika veya rezene kahverengileşene kadar pişirin. Sulandırılmış mantarları, kuşkonmazı, tavuğu, domatesi, tavuk kemiği suyunu, şarabı ve limon kabuğu rendesini ekleyin. Kaynatın. Isıyı örtün ve azaltın. 5 dakika veya rezene ve kuşkonmaz yumuşayana ve domatesler sulu oluncaya kadar pişirin. Ateşten alın. Pazıyı karıştırın ve 2 dakika veya solana kadar bekletin. Fesleğen ve nane serpin.

KÜÇÜK TATLI PATATESLI ALABALIK

HAZIRLIK:35 dakika pişirin: 6 dakika pişirin: Her parti patates için 1 dakika: 4 porsiyon

ALABALIK YAKALAYAMASAN BILEBIR DAĞ DERESINDE YER ALAN BU YEMEK, SANKI ÇATIRDAYAN BIR KAMP ATEŞININ YANINDA "BANKA KAHVALTISININ" TADINI ÇIKARIYORMUŞSUNUZ GIBI HISSETTIRIYOR.

4 6 ons taze veya dondurulmuş derisiz alabalık filetosu, ¼ ila ½ inç kalınlığında

1½ çay kaşığı Dumanlı Baharat (bkz.<u>Yemek tarifi</u>)

¼ ila ½ çay kaşığı karabiber (isteğe bağlı)

3 yemek kaşığı rafine hindistan cevizi yağı

1½ pound beyaz veya sarı tatlı patates, soyulmuş

Kızartma için rafine edilmiş hindistancevizi yağı*

Kıyılmış taze maydanoz

Dilimlenmiş taze soğan

1. Fırını 400°F'ye önceden ısıtın. Balık donmuşsa çözdürün. Balıkları durulayın; Kağıt havluyla hafifçe vurarak kurulayın. Filetolara dumanlı baharat ve istenirse karabiber serpin. Ekstra büyük bir fırın tavasında, 2 yemek kaşığı yağı orta-yüksek ateşte ısıtın. Filetoları tavaya yerleştirin ve üstü açık olarak 6 ila 8 dakika veya çatalla test edildiğinde balık pul pul çıkana kadar pişirin. Fırından çıkarın.

2. Bu arada, jülyen soyucu veya jülyen kesici takılı mandolin kullanarak, tatlı patatesleri uzun, ince şeritler halinde uzunlamasına dilimleyin. Patates dilimlerini iki kat kalınlıkta kağıt havlulara sarın ve fazla suyunu alın.

3. Kenarları en az 8 inç yüksekliğinde olan büyük bir tencerede, 2 ila 3 inç rafine hindistancevizi yağını 365°F'ye ısıtın. Patatesleri her seferinde yaklaşık dörtte bir oranında sıcak yağa dikkatlice ekleyin. (Tencerede yağ yükselecektir.) Bir veya iki kez karıştırarak parti başına yaklaşık 1 ila 3 dakika veya kahverengileşmeye başlayana kadar kızartın. Patatesleri uzun, oluklu bir kaşıkla hızla çıkarın ve kağıt havluların üzerine boşaltın. (Patatesler çabuk fazla pişebilir, bu nedenle erken ve sık sık kontrol edin.) Her patates grubunu eklemeden önce yağı 365°F'ye yeniden ısıttığınızdan emin olun.

4. Alabalıkların üzerine maydanoz ve taze soğan serpin. Tatlı patates bağcıkları ile servis yapın.

*İpucu: Kızartma için yeterli yağa sahip olmak için iki ila üç adet 29 onsluk hindistancevizi yağı kabına ihtiyacınız olacaktır.

TOMATILLO MANGO SALSA, HAŞLANMIŞ YUMURTA VE KABAK ŞERITLERI ILE SOMON KÖFTE

HAZIRLIK:25 dakika soğuk: 30 dakika pişirme: 16 dakika yapım: 4 porsiyon

BU KAHVALTI OLMAYABILIRHAFTA IÇI BIR SABAH IŞE GITMEDEN ÖNCE, ANCAK ARKADAŞLARINIZ VEYA AILENIZ IÇIN ETKILEYICI VE KESINLIKLE LEZZETLI BIR HAFTA SONU BRUNCH'I OLUR

- 10 ons pişmiş somon*
- 2 yumurta akı
- ½ su bardağı badem unu
- ⅓ bardak rendelenmiş tatlı patates
- 2 yemek kaşığı ince dilimlenmiş yeşil soğan
- 2 yemek kaşığı doğranmış taze kişniş
- 2 yemek kaşığı Chipotle Paleo Mayo (bkz.<u>Yemek tarifi</u>)
- 1 yemek kaşığı taze limon suyu
- 1 çay kaşığı Meksika baharatı (bkz.<u>Yemek tarifi</u>)
- Karabiber
- 4 yemek kaşığı zeytinyağı
- Kabak şeritleri için 1 tarif (bkz.<u>Yemek tarifi</u>, altında)
- 4 yumurta, haşlanmış (bkz.<u>Karnabahar biftek ve yumurta tarifi</u>)
- Tomatillo mango salsa (bkz.<u>Yemek tarifi</u>, altında)
- 1 olgun avokado, soyulmuş, çekirdeği çıkarılmış ve dilimlenmiş

1. Somon köftesi yapmak için büyük bir kapta pişmiş somonu çatal kullanarak küçük parçalara ayırın. Yumurta akı, badem unu, tatlı patates, yeşil soğan, kişniş, çipotlu paleo mayonez, limon suyu,

Meksika baharatı ve biberi ekleyin. Birleştirmek için hafifçe karıştırın. Karışımı sekiz porsiyona bölün; Her porsiyonu köfte haline getirin. Köfteleri parşömen kaplı bir fırın tepsisine yerleştirin. Kavurmadan önce en az 30 dakika boyunca örtün ve soğutun. (Pasta servis edilmeden 1 gün önce buzdolabında saklanabilir.)

2. Fırını 300°F'ye önceden ısıtın. Büyük yapışmaz tavada, 2 yemek kaşığı zeytinyağını orta-yüksek ateşte ısıtın. Keklerin yarısını tavaya ekleyin. kekleri pişirme işleminin yarısında çevirerek yaklaşık 8 dakika veya altın rengi kahverengi olana kadar pişirin. Kekleri başka bir parşömen kaplı fırın tepsisine aktarın ve fırında sıcak tutun. Kalan kekleri kalan 2 yemek kaşığı yağda belirtildiği gibi kızartın.

3. Servis yapmak için dört servis tabağının her birine kabak şeritlerini yuva şeklinde yerleştirin. Her birinin üstüne 2 somon keki, haşlanmış yumurta, biraz tomatillo-mango salsa ve avokado dilimleri ekleyin.

Kabak şeritleri: 2 adet kabakların uçlarını kesin. Mandolin veya sebze soyucu kullanarak her kabaktan uzun şeritler kesin. (Kurdelelerin sağlam kalması için, kabakların ortasındaki tohum çekirdeğine ulaştığınızda tıraş etmeyi bırakın.) Büyük bir tavada 1 çorba kaşığı zeytinyağını orta-yüksek ateşte ısıtın. Kabak ve ⅛ çay kaşığı öğütülmüş kimyon ekleyin; Eşit şekilde pişirmek için şeritleri hafifçe fırlatmak için maşa kullanarak 2 ila 3 dakika veya gevrekleşinceye kadar pişirin. Limon suyunu gezdirin.

Tomatillo Mango Salsa: Fırını önceden 450°F'ye ısıtın. 8 adet domatesi soyun ve ikiye bölün. Domatesleri bir fırın tepsisine yerleştirin; 1 su bardağı doğranmış soğan; 1 doğranmış, çekirdekleri çıkarılmış taze jalapeño; ve soyulmuş 2 diş sarımsak.

1 yemek kaşığı zeytinyağını gezdirin; ceketine fırlat. Sebzeleri yaklaşık 15 dakika veya yumuşayıp kahverengileşene kadar kızartın. 10 dakika soğumaya bırakın. Sebzeleri ve meyve sularını bir mutfak robotuna aktarın. ¾ bardak doğranmış, soyulmuş mango ve ¼ bardak taze kişniş ekleyin. Kabaca doğramak için kapağını kapatın ve nabız atın. Salsayı bir kaseye aktarın; Başka bir ¾ bardak doğranmış, soyulmuş mangoyu karıştırın. (Salsa 1 gün önceden yapılıp buzdolabında saklanabilir. Servis yapmadan önce oda sıcaklığına getirin.)

*İpucu: Pişmiş somon için fırını önceden 425°F'ye ısıtın. Parşömen kağıdıyla kaplı bir fırın tepsisine 8 onsluk somon filetosu yerleştirin. ½ inç kalınlığındaki balık başına 6 ila 8 dakika veya çatalla test edildiğinde balık kolayca pul pul dökülene kadar pişirin.

ELMA-KETEN ÇALILARI

BU UNSUZ FLAPJACK'LER ÇITIRDIŞI VE IÇI IHALE EDILIR. KIYILMIŞ ELMA VE SADECE BIRAZ KETEN UNU VE BUNLARI BIRBIRINE BAĞLAMAK IÇIN YUMURTA ILE YAPILAN BU ÜRÜNLER, ÇOCUKLARIN (VE YETIŞKINLERIN DE) YUTACAĞI BIR KAHVALTI IKRAMIDIR.

- 4 büyük yumurta, hafifçe dövülmüş
- 2 büyük soyulmamış elma, çekirdekleri çıkarılmış ve ince doğranmış
- ½ bardak keten yemeği
- ¼ su bardağı ince kıyılmış ceviz veya fındık
- 2 çay kaşığı ince kıyılmış portakal kabuğu
- 1 çay kaşığı saf vanilya özü
- 1 çay kaşığı öğütülmüş kakule veya tarçın
- 3 yemek kaşığı rafine edilmemiş hindistancevizi yağı
- ½ bardak badem ezmesi
- 2 çay kaşığı ince kıyılmış portakal kabuğu
- ¼ çay kaşığı öğütülmüş kakule veya tarçın

1. Büyük bir kapta yumurtaları, elmaları, keten unu, fındıkları, portakal kabuğunu, vanilyayı ve 1 çay kaşığı kakuleyi birleştirin. Her şey iyice karışana kadar karıştırın. Hamurun koyulaşması için 5-10 dakika kadar bekletin.

2. Bir tavada veya tavada 1 yemek kaşığı hindistancevizi yağını orta ateşte eritin. Her bir elmalı keten krikosu için yaklaşık ⅓ bardak hamuru tavaya koyun ve hafifçe yayın. Orta ateşte her iki tarafını da 3 ila 4 dakika veya kabuklar altın rengi kahverengi olana kadar pişirin.

3. Mikrodalgaya dayanıklı küçük bir kapta, badem ezmesini yayılabilir hale gelinceye kadar düşük ateşte ısıtın. Apple Flax Jacks'in üzerine servis yapın ve üzerine portakal kabuğu rendesi ve ilave kakule serpin.

PORTAKALLI ZENCEFIL PALEO GRANOLA

HAZIRLIK:15 dakika pişirin: 5 dakika bekletin: 4 dakika pişirin: Soğutun 27 dakika: 30 dakika Hazırlayın: 8 (½ fincan) porsiyon

BU ÇITIR FINDIK VE KURUTULMUŞ MEYVE "MÜSLI"ÜSTÜNE BADEM VEYA HINDISTANCEVIZI SÜTÜ EKLENEREK KAŞIKLA YENEN LEZZETLI BIR YEMEKTIR, AYNI ZAMANDA KURU OLARAK YENEN HARIKA BIR KAHVALTI VEYA ATIŞTIRMALIKTIR.

⅔ bardak taze portakal suyu

1 ½ inç parça taze zencefil, soyulmuş ve ince dilimlenmiş

1 çay kaşığı yeşil çay yaprakları

2 yemek kaşığı rafine edilmemiş hindistancevizi yağı

1 su bardağı iri kıyılmış çiğ badem

1 su bardağı çiğ macadamia fıstığı

1 su bardağı kabukları soyulmuş çiğ antep fıstığı

½ bardak şekersiz hindistan cevizi cipsi

¼ bardak doğranmış kükürtsüz, şekersiz kuru kayısı

2 yemek kaşığı doğranmış kurutulmuş kükürtsüz şekersiz kuru incir

2 yemek kaşığı kükürtsüz, şekersiz altın kuru üzüm

Şekersiz badem sütü veya hindistan cevizi sütü

1. Fırını 325°F'ye önceden ısıtın. Küçük bir tencerede portakal suyunu kaynayana kadar ısıtın. Zencefil dilimleri ekleyin. Yaklaşık 5 dakika veya yaklaşık ⅓ bardağa düşene kadar, kapağı açık şekilde yavaşça pişirin. Ateşten alın; yeşil çay yapraklarını ekleyin. Kapağını kapatıp 4 dakika demlenmeye bırakın. Portakal suyu karışımını ince gözenekli bir elek ile süzün. Çay yapraklarını ve zencefil dilimlerini atın. Sıcak portakal suyu karışımına hindistancevizi yağını ekleyin ve eriyene kadar karıştırın. Büyük

bir kapta badem, macadamia fıstığı ve antep fıstığını karıştırın. Portakal suyu karışımını ekleyin; ceketine fırlat. Büyük bir fırın tepsisine eşit şekilde yayın.

2. Pişirme süresinin yarısında karıştırarak 15 dakika boyunca üstü açık pişirin. Hindistan cevizi cipsi ekleyin; Karışımı karıştırın ve eşit bir tabaka halinde yayın. Yaklaşık 12 ila 15 dakika daha veya fındıklar kızarana ve altın rengi kahverengi olana kadar bir kez karıştırarak pişirin. Kayısı, incir ve kuru üzüm ekleyin; her şey iyice karışana kadar karıştırın. Tahılları büyük bir folyo parçasına veya temiz bir fırın tepsisine yayın. tamamen soğumaya bırakın. Badem veya Hindistan cevizi sütü ile servis yapın.

Depolama: Tahılları hava geçirmez bir kaba koyun; Oda sıcaklığında 2 haftaya kadar veya dondurucuda 3 aya kadar saklayın.

KIZARMIŞ ŞEFTALI VE MEYVELER, KIZARTILMIŞ HINDISTAN CEVIZI VE BADEM ÇITIRTISI ILE

HAZIRLIK:20 dakika pişirin: 1 saat pişirin: 10 dakika Yapın: 4 ila 6 porsiyon

BUNU ŞEFTALI MEVSIMINE SAKLA- GENELLIKLE ÜLKENIN ÇOĞU YERINDE TEMMUZ SONU, AĞUSTOS SONU VE EYLÜL BAŞI - ŞEFTALILERIN EN TATLI VE SULU OLDUĞU ZAMANLAR. BU HARIKA BIR KAHVALTI OLUR AMA AYNI ZAMANDA TATLI OLARAK DA TÜKETILEBILIR.

- 6 adet olgun şeftali
- ½ bardak şekersiz, kükürtsüz, kurutulmuş şeftali, ince doğranmış*
- ¾ bardak taze portakal suyu
- ¼ bardak rafine edilmemiş hindistancevizi yağı
- ½ çay kaşığı öğütülmüş tarçın
- 1 su bardağı şekersiz hindistan cevizi gevreği
- 1 su bardağı iri kıyılmış çiğ badem
- ¼ bardak tuzsuz çiğ ayçiçeği çekirdeği
- 1 yemek kaşığı taze limon suyu
- 1 vanilya çekirdeği, bölünmüş ve tohumları kazınmış
- 1 su bardağı ahududu, yaban mersini, böğürtlen ve/veya iri kıyılmış çilek

1. Büyük bir tencerede 8 bardak suyu kaynatın. Keskin bir bıçak kullanarak her şeftalinin alt kısmına sığ bir X işareti kesin. Çiftler halinde çalışarak şeftalileri kaynar suya 30 ila 60 saniye veya kabuklar ayrılmaya başlayana kadar batırın. Delikli bir kaşık kullanarak şeftalileri büyük bir buzlu su kabına aktarın. Yeterince soğuduğunda, derisini bir bıçakla veya parmaklarınızla soyun.

Derileri atın. Şeftalileri dilimler halinde kesin ve çekirdeklerini atın; kenara koymak.

2. Fırını 250°F'ye önceden ısıtın. Büyük bir fırın tepsisini parşömen kağıdıyla hizalayın. Bir mutfak robotu veya karıştırıcıda 1 bardak şeftali dilimlerini, kurutulmuş şeftalileri, ¼ bardak portakal suyunu, hindistancevizi yağını ve tarçını birleştirin. Örtün ve pürüzsüz olana kadar işleyin veya karıştırın; kenara koymak.

3. Hindistan cevizi pullarını, bademleri ve ayçiçeği çekirdeklerini geniş bir kapta karıştırın. Püre haline getirilmiş şeftali karışımını ekleyin. Ceketini fırlat. Hazırlanan fırın tepsisine fındık karışımını eşit şekilde dökün. Ara sıra karıştırarak 60 ila 75 dakika veya kuru ve gevrek olana kadar pişirin. (Yakmamaya dikkat edin. Karışım soğudukça daha da çıtırlaşacaktır.)

4. Bu arada kalan şeftali dilimlerini orta kalınlıkta bir tencereye koyun. Kalan ½ bardak portakal suyunu, limon suyunu ve bölünmüş vanilya çekirdeğini (tohumlarla birlikte) karıştırın. Orta ateşte ara sıra karıştırarak kaynatın. Isıyı en aza indirin; Ara sıra karıştırarak, üstü açık, 10 ila 15 dakika veya koyulaşana kadar pişirin. Vanilya çubuğunu çıkarın. Çilekleri karıştırın. 3 ila 4 dakika veya meyveler iyice ısınana kadar pişirin.

5. Servis yapmak için buharda pişirilmiş şeftalileri kaselere kaşıklayın. Her porsiyona fındık karışımı serpin.

*Not: Kükürtsüz kuru şeftali bulamazsanız onun yerine ⅓ su bardağı doğranmış kükürtsüz kuru kayısı kullanabilirsiniz.

ÇİLEKLI MANGOLU SMOOTHIELER

HAZIRLIK:15 dakika pişirin: 30 dakika pişirin: 4 (yaklaşık 8 ons) porsiyon yapın

BU KAHVALTI IÇECEĞINDEKI PANCARLARVITAMIN VE MINERAL TAKVIYESI VE GÜZEL BIR KIRMIZI RENK TONU VERIR. YUMURTA AKI TOZU PROTEIN SAĞLAR VE DAHA HAFIF, DAHA KÖPÜKLÜ BIR SMOOTHIE OLUŞTURMAK IÇIN IÇECEK HARMANLANIRKEN ÇIRPILIR.

- 1 orta boy kırmızı şalgam, soyulmuş ve dörde bölünmüş (yaklaşık 4 ons)
- 2½ su bardağı soyulmuş taze çilek
- 1½ bardak dondurulmuş şekersiz mango parçaları*
- 1¼ bardak şekersiz hindistan cevizi sütü veya badem sütü
- ¼ bardak şekersiz nar suyu
- ¼ fincan tuzsuz badem ezmesi
- 2 çay kaşığı protein tozu

1. Orta boy bir tencerede pancarları üstü kapalı olarak az miktarda kaynar suda 30 ila 40 dakika** veya çok yumuşayana kadar pişirin. Pancarları boşaltın; Pancarların çabuk soğuması için üzerine soğuk su dökün. İyice boşaltın.

2. Pancar, çilek, mango parçaları, hindistan cevizi sütü, nar suyu ve badem ezmesini bir karıştırıcıda birleştirin. Gerektiğinde blenderin kenarlarını kazıyarak pürüzsüz hale gelinceye kadar örtün ve karıştırın. Yumurta beyazı tozunu ekleyin. Örtün ve iyice birleşene kadar karıştırın.

*Not: Taze mango parçalarını dondurmak için kesilmiş mangoyu yağlı kağıtla kaplı 15x10x1 inçlik bir fırın tepsisine tek kat halinde yerleştirin. Gevşek bir şekilde örtün ve birkaç saat veya iyice sertleşinceye kadar dondurun. Dondurulmuş mango parçalarını hava geçirmez bir kaba yerleştirin; 3 aya kadar dondurun.

**Not: Pancarlar 3 gün önceden pişirilebilir. Pancarların tamamen soğumasına izin verin. Sıkıca kapatılmış bir kapta buzdolabında saklayın.

BITIRMEK IÇIN BAŞLA:10 dakikalık verim: 2 (yaklaşık 8 ons) porsiyon

BU PALEO VERSIYONUKREMALI HURMA KARIŞIMLARI GENELLIKLE 1930'LARDAN BERI GÜNEY KALIFORNIYA'DA POPÜLER OLAN DONDURMAYLA YAPILIR. HURMA, DONDURULMUŞ MUZ, BADEM EZMESI, BADEM SÜTÜ VE YUMURTA AKI TOZU IÇEREN BU VERSIYON ÇOK DAHA BESLEYICIDIR. ÇIKOLATALI VERSIYONU IÇIN 1 YEMEK KAŞIĞI ŞEKERSIZ KAKAO TOZU EKLEYIN.

- ⅓ bardak doğranmış, çekirdekleri çıkarılmış Medjool hurması
- 1 bardak şekersiz badem veya hindistan cevizi sütü (istenirse vanilyalı)
- 1 olgun muz, dondurulmuş ve dilimlenmiş
- 2 yemek kaşığı badem ezmesi
- 1 yemek kaşığı protein tozu
- 1 yemek kaşığı şekersiz kakao tozu (isteğe bağlı)
- ½ çay kaşığı taze limon suyu
- ⅛ ila ¼ çay kaşığı öğütülmüş hindistan cevizi *

1. Küçük bir kapta hurmaları ve ½ bardak suyu birleştirin. Mikrodalgayı 30 saniye boyunca veya tarihler yumuşayıncaya kadar yüksek sıcaklıkta ısıtın; Suyu boşaltın.

2. Bir karıştırıcıda hurmaları, badem sütünü, muz dilimlerini, badem ezmesini, yumurta akı tozunu, kakao tozunu (kullanılıyorsa), limon suyunu ve hindistan cevizini birleştirin. Örtün ve pürüzsüz olana kadar karıştırın.

*İpucu: Kakao tozu kullanıyorsanız ¼ çay kaşığı öğütülmüş hindistan cevizi kullanın.

CHORIZO DOLDURULMUŞ JALAPEÑO POPPERS

HAZIRLIK:30 dakika pişirin: 25 dakika: 12 başlangıç

BIR TUTAM KIŞNIŞ-MISKET LIMONU KAJU KREMASIBU
BAHARATLI ATIŞTIRMALIKLARIN ATEŞINI SOĞUTUR. DAHA
HAFIF BIR LEZZET IÇIN JALAPENOLARI SAPLARI ÇIKARILMIŞ,
ÇEKIRDEKLERI ÇIKARILMIŞ VE DIKEY OLARAK IKIYE BÖLÜNMÜŞ
6 MINYATÜR BIBERLE DEĞIŞTIRIN.

2 çay kaşığı ancho biber tozu *

1½ çay kaşığı koruyucu içermeyen granül sarımsak

1½ çay kaşığı öğütülmüş kimyon

¾ çay kaşığı kurutulmuş kekik

¾ çay kaşığı öğütülmüş kişniş

½ çay kaşığı karabiber

¼ çay kaşığı öğütülmüş tarçın

⅛ çay kaşığı öğütülmüş karanfil

12 ons kıyma domuz eti

2 yemek kaşığı kırmızı şarap sirkesi

6 büyük jalapeno biberi, yatay olarak ikiye bölünmüş ve
çekirdekleri çıkarılmış** (mümkünse saplarını sağlam
bırakın)

½ fincan kaju kreması (bkz.<u>Yemek tarifi</u>)

1 yemek kaşığı ince kıyılmış taze kişniş

1 çay kaşığı ince kıyılmış limon kabuğu

1. Fırını 400°F'ye önceden ısıtın.

2. Chorizo için küçük bir kapta kırmızı toz biber, sarımsak, kimyon,
kekik, kişniş, karabiber, tarçın ve karanfilleri birleştirin. Domuzu
orta boy bir kaseye koyun. Elinizle yavaşça parçalayın. Baharat
karışımını domuz etinin üzerine serpin. Sirke ekleyin. Baharatlar

ve sirke eşit şekilde dağılıncaya kadar et karışımını yavaşça işleyin.

3. Chorizo'yu jalapeno yarımlarına doldurun, eşit şekilde dağıtın ve hafifçe toplayın (chorizo pişirirken küçülür). Doldurulmuş jalapeño yarımlarını büyük bir fırın tepsisine yerleştirin. 25 ila 30 dakika veya chorizo tamamen pişene kadar pişirin.

4. Küçük bir kapta kaju kremasını, kişnişi ve limon kabuğu rendesini birleştirin. Servis yapmadan önce jalapenoları kaju kreması karışımıyla gezdirin.

*Not: İstenirse ancho şili tozu yerine 2 yemek kaşığı kırmızı biber ve ¼ çay kaşığı öğütülmüş kırmızı biber kullanın.

**İpucu: Acı biber cildinizi, gözlerinizi ve burnunuzdaki hassas dokuyu yakabilecek yağlar içerir. Biberlerin kesilmiş kenarları ve tohumlarıyla doğrudan temastan mümkün olduğunca kaçının. Biberin bu kısımlarından herhangi birine çıplak ellerinizle dokunursanız, ellerinizi sabun ve ılık suyla iyice yıkayın.

PORTAKALLI CEVIZ ÇISELEYEN KAVRULMUŞ PANCAR LOKMALARI

HAZIRLIK:20 dakika pişirin: 40 dakika marine edin: 8 saat Yapılışı: 12 porsiyon

CEVIZ YAĞI ASLA YEMEK PIŞIRMEDE KULLANILMAMALIDIR.ISITILDIĞINDA, ÇOKLU DOYMAMIŞ YAĞLARIN YÜKSEK KONSANTRASYONUNDAN DOLAYI OKSIDASYONA VE BOZULMAYA KARŞI HASSASTIR. ANCAK BUNUN GIBI SOĞUK VEYA ODA SICAKLIĞINDA SERVIS EDILEN YEMEKLER IÇIN HARIKADIR.

3 büyük pancar, dilimlenmiş ve soyulmuş (yaklaşık 1 pound)

1 yemek kaşığı zeytinyağı

¼ bardak ceviz yağı

1½ çay kaşığı ince kıyılmış portakal kabuğu

¼ bardak taze portakal suyu

2 çay kaşığı taze limon suyu

2 yemek kaşığı ince kıyılmış ceviz, kızartılmış*

1. Fırını 425°F'ye önceden ısıtın. Her pancarı 8 parçaya bölün. (Pancarlar daha küçükse, onları ½ inçlik dilimler halinde kesin. Toplamda yaklaşık 24 dilim istiyorsunuz.) Pancarları 2 litrelik bir pişirme kabına yerleştirin. Zeytinyağını gezdirin ve kaplayın. Kaseyi folyo ile örtün. Kapağı kapalı olarak 20 dakika pişirin. Pancarları karıştırın ve kapağı açık olarak yaklaşık 20 dakika veya pancarlar yumuşayana kadar kızartın. Hafifçe soğumaya bırakın.

2. Marine sosunu hazırlamak için ceviz yağı, portakal kabuğu rendesi, portakal suyu ve limon suyunu küçük bir kasede

karıştırın. Pancarların üzerine turşuyu dökün; örtün ve 8 saat veya gece boyunca soğutun. Marinanın süzülmesine izin verin.

3. Pancarları bir kaseye koyun ve üzerine kavrulmuş ceviz serpin. Seçtikleri ile servis yapın.

*İpucu: Fındıkları kızartmak için sığ bir fırın tepsisine yayın. Tavayı bir veya iki kez sallayarak 350°F fırında 5 ila 10 dakika veya hafifçe kızarana kadar pişirin. Yanmamaları için dikkatli olun.

OT PESTO VE KUZU ETI ILE KARNABAHAR BARDAKLARI

HAZIRLIK:45 dakika pişirin: 15 dakika pişirin: 10 dakika pişirin: 6 kişilik

KARNABAHAR KAPLARI ÇOK HAFIFVE HASSAS. BU LEZIZ ATIŞTIRMALIKLARI ÇATALLARLA SERVIS ETMEK ISTEYEBILIRSINIZ, BÖYLECE MISAFIRLERIN SON LOKMAYI ALMASI SAĞLANIRKEN AYNI ZAMANDA GÖRGÜ KURALLARINA DA SADIK KALINIR.

2 yemek kaşığı rafine hindistan cevizi yağı, eritilmiş

4 su bardağı iri doğranmış taze karnabahar

2 büyük yumurta

½ su bardağı badem unu

¼ çay kaşığı karabiber

4 taze soğan

12 ons öğütülmüş kuzu veya öğütülmüş domuz eti

3 diş sarımsak, kıyılmış

12 adet kiraz veya üzüm domates, dörde bölünmüş

1 çay kaşığı Akdeniz baharatları (bkz.<u>Yemek tarifi</u>)

¾ bardak sıkıca paketlenmiş taze kişniş

½ bardak sıkıca paketlenmiş taze maydanoz

¼ fincan sıkıca paketlenmiş taze nane

⅓ fincan çam fıstığı, kızartılmış (bkz.<u>Uç</u>)

¼ bardak zeytinyağı

1. Fırını 425°F'ye önceden ısıtın. On iki adet 2½ inçlik muffin kabının altlarını ve yanlarını hindistancevizi yağıyla fırçalayın. Kenara koymak. Karnabaharı mutfak robotuna yerleştirin. Karnabahar ince bir şekilde doğranana ancak püre haline gelmeyene kadar örtün ve nabız atın. Büyük bir tavayı 1 inç

derinliğe kadar suyla doldurun. kaynatın. Buharlı pişirme sepetini suyun üzerinde bir tencereye yerleştirin. Karnabaharı buhar sepetine yerleştirin. Kapağını kapatın ve 4 ila 5 dakika veya yumuşayana kadar buharda pişirin. Karnabaharlı buhar sepetini tavadan çıkarın ve geniş bir tabağın üzerine yerleştirin. Karnabaharı hafifçe soğumaya bırakın.

2. Geniş bir kapta yumurtaları çırpma teli ile hafifçe çırpın. Soğutulmuş karnabaharı, badem ununu ve biberi ilave edip karıştırın. Karnabahar karışımını hazırlanan muffin kaplarına eşit şekilde dökün. Parmaklarınızı ve kaşığın arkasını kullanarak karnabaharı fincanların dibine ve yanlarına bastırın.

3. Karnabahar kaplarını 10 ila 15 dakika veya karnabahar kapları hafifçe kızarana ve ortaları yerleşene kadar pişirin. Bir rafa yerleştirin ancak tavadan çıkarmayın.

4. Bu arada taze soğanları beyaz alt kısımlarını yeşil üst kısımlarından ayırarak ince ince dilimleyin. Büyük bir tavada kuzu etini, dilimlenmiş beyaz soğan diplerini ve sarımsağı orta ateşte et iyice pişene kadar pişirin. Eti pişerken parçalamak için tahta kaşıkla karıştırın. Yağ boşaltın. Taze soğanın yeşil kısımlarını, domatesi ve Akdeniz baharatlarını ekleyin. 1 dakika pişirin ve karıştırın. Kuzu karışımını karnabahar kaplarına eşit şekilde kaşıklayın.

5. Bitkisel pesto yapmak için kişniş, maydanoz, nane ve çam fıstıklarını mutfak robotunda karıştırın. Karışım ince bir şekilde doğranana kadar örtün ve işleyin. İşlemci çalışırken, karışım iyice karışana kadar doldurma ağzından yavaşça yağ ekleyin.

6. Karnabahar kaplarının kenarlarından ince ve keskin bir bıçak geçirin. Fincanları dikkatlice tencereden alıp servis tabağına yerleştirin. Karnabahar kaplarının üzerine bitki pestosunu dökün.

ISPANAKLI ENGINARLI DIP SOS

GÖRÜNÜŞE GÖRE HEMEN HEMEN HER PARTIISPANAKLI ENGINAR SOSUNUN SOFRA BAŞINDA BIR VERSIYONUNU IÇERIR - SICAK VEYA SOĞUK - ÇÜNKÜ INSANLAR ONU SEVER. NE YAZIK KI, TICARI OLARAK ÜRETILEN VERSIYONLAR VE HATTA ÇOĞU EV YAPIMI VERSIYON BILE SIZI SEVMIYOR. BU ÖYLE.

1 yemek kaşığı sızma zeytinyağı

1 su bardağı doğranmış tatlı soğan

3 diş sarımsak, kıyılmış

1 9 onsluk kutu dondurulmuş enginar kalbi, çözülmüş

¾ bardak Paleo Mayo (bkz.<u>Yemek tarifi</u>)

¾ fincan kaju kreması (bkz.<u>Yemek tarifi</u>)

½ çay kaşığı ince kıyılmış limon kabuğu

2 çay kaşığı taze limon suyu

2 çay kaşığı Dumanlı Baharat (bkz.<u>Yemek tarifi</u>)

2 adet 10 onsluk kutu dondurulmuş ıspanak doğranmış, çözülmüş ve iyice süzülmüş

Salatalık, havuç ve kırmızı biber gibi çeşitli dilimlenmiş sebzeler

1. Büyük bir tavada zeytinyağını orta-yüksek ateşte ısıtın. Soğan ekleyin; yaklaşık 5 dakika veya yarı saydam olana kadar pişirin ve karıştırın. Sarımsak ekleyin; 1 dakika pişirin.

2. Bu arada, suyu süzülmüş enginarları doğrama/karıştırma bıçağı takılı mutfak robotuna koyun. Örtün ve ince ince doğrayın; kenara koymak.

3. Küçük bir kapta paleo mayonezi ve kaju kremasını karıştırın. Limon kabuğu rendesini, limon suyunu ve dumanlı baharatları karıştırın; kenara koymak.

4. Tavadaki soğan karışımına doğranmış enginarları ve ıspanakları ekleyin. Mayonez karışımını karıştırın; içinden ısıtın. Kıyılmış sebzelerle servis yapın.

YILDIZ ANASON SOSLU ASYA KÖFTESI

HAZIRLIK:30 dakika pişirin: parti başına 5 dakika: 8 porsiyon

BU TARIF IÇIN BUNLARA IHTIYACINIZ OLACAK1 DEMET HARDAL YEŞILLIKLERININ SAPLARI VE KABURGALARI. HARDAL YEŞILI SUSAM BENEKLI CIPSLERI HAZIRLARKEN AYNI ANDA YAPIN (BKZ.<u>YEMEK TARIFI</u>) VEYA BIR DEMET HARDAL YEŞILLIKLERIYLE BAŞLAYIN VE KÖFTE IÇIN KÜÇÜK YAPRAKLARI SAPLARI VE KABURGALARIYLA BIRLIKTE DOĞRAYIN VE BÜYÜK YAPRAKLARI HIZLI BIR GARNITÜR OLARAK SARIMSAKLA KIZARTMAK ÜZERE SAKLAYIN.

- 1 demet hardal yeşilliklerinin sapları ve kaburgaları
- 1 6 inç parça taze zencefil, soyulmuş ve dilimlenmiş
- 12 ons kıyma domuz eti
- 12 ons öğütülmüş hindi (koyu ve beyaz et)
- ½ çay kaşığı karabiber
- 4 su bardağı dana kemik suyu (bkz.<u>Yemek tarifi</u>) veya tuz eklenmemiş et suyu
- 2 yıldız anason
- ½ su bardağı ince doğranmış yeşil soğan
- 3 çay kaşığı ince kıyılmış portakal kabuğu
- 2 yemek kaşığı elma sirkesi
- 1 çay kaşığı sıcak şili yağı (bkz.<u>Yemek tarifi</u>, aşağıda) (isteğe bağlı)
- 8 adet savoy lahana yaprağı
- 1 yemek kaşığı ince doğranmış yeşil soğan
- 2 çay kaşığı ezilmiş kırmızı biber

1. Hardal yeşili sapları ve kaburgaları kabaca doğrayın; bir mutfak robotuna yerleştirin. Kapağını kapatıp ince ince doğrayın. (2

bardak olmalıdır.) Geniş bir kaseye aktarın. Dilimlenmiş zencefili mutfak robotuna yerleştirin. örtün ve parçalanana kadar işleyin. Kaseye ¼ bardak kıyılmış zencefil, domuz eti, hindi eti ve karabiber ekleyin. İyice birleşene kadar yavaşça karıştırın. Her köfte için yaklaşık 1 yemek kaşığı et karışımı kullanarak et karışımını 32 mini köfte haline getirin.

2. Yıldız anason daldırma sosu için, orta boy bir tencerede, 2 yemek kaşığı ayrılmış kıyılmış zencefil, 2 su bardağı dana kemik suyu, 1 yıldız anason, ¼ su bardağı yeşil soğan, 2 çay kaşığı portakal kabuğu rendesi, elma sirkesi ve istenirse, sıcak şili yağı. Kaynatın; Isıyı azaltın. Köfteler pişerken kapağı kapalı olarak pişirin.

3. Başka bir orta boy tencerede kalan 2 yemek kaşığı kıyılmış zencefili, 2 su bardağı et suyunu, 1 yıldız anasonu, ¼ su bardağı yeşil soğanı ve 1 çay kaşığı portakal kabuğunu birleştirin. Kaynatın; Aşırı kalabalıklaşmadan pişirme sıvısında yüzebilecek kadar çok köfte ekleyin. Köfteleri 5 dakika pişirin; Oluklu bir kaşıkla çıkarın. Kalan köfteleri pişirirken pişen köfteleri servis kabında sıcak tutun. Pişirme sıvısını atın.

4. Daldırma sosunu ocaktan alın. Katıları süzün ve atın.

5. Servis yapmak için meze tabağına bir lahana yaprağı koyun ve her yaprağın üzerine 4 köfte koyun. Sıcak daldırma sosunu gezdirin; Yeşil soğan ve ezilmiş kırmızı biber serpin.

Sıcak Şili Yağı: Küçük bir tencerede 2 yemek kaşığı ayçiçek yağını orta ateşte ısıtın; 2 çay kaşığı ezilmiş kırmızı biber ve 2 adet kurutulmuş ancho chiles ekleyin. 1 dakika kadar veya biberler cızırdamaya başlayana kadar pişirin (kızarmasına izin vermeyin, yoksa baştan başlamak zorunda kalırsınız). ¾ bardak ayçiçek yağı ekleyin; Tamamen ısınana kadar ısıtın. Ateşten alın; oda sıcaklığına soğumaya bırakın. Yağı ince gözenekli bir elekten geçirin; Biberleri atın. Yağı hava geçirmez bir kapta veya kavanozda buzdolabında 3 haftaya kadar saklayın.

BAHARATLI YUMURTA

BITIRMEK IÇIN BAŞLA:25 dakika: 12 porsiyon

ACILI WASABI YUMURTALARINI SEÇERSENIZ,YALNIZCA DOĞAL IÇERIKLER IÇEREN, TUZ IÇERMEYEN VE YAPAY RENKLER IÇERMEYEN BIR WASABI TOZU ARADIĞINIZDAN EMIN OLUN. WASABI, RENDELENIP TAZE VEYA KURUTULARAK TOZ HALINE GETIRILEREK KULLANILAN BIR KÖKTÜR. JAPONYA DIŞINDA %100 WASABI TOZU BULMAK ZOR VE ÇOK PAHALI OLSA DA, YALNIZCA WASABI, YABAN TURPU VE KURU HARDAL IÇEREN TICARI OLARAK TEMIN EDILEBILEN WASABI TOZLARI DA VARDIR.

> 6 adet haşlanmış yumurta, soyulmuş *
> ¼ bardak Paleo Mayo (bkz.<u>Yemek tarifi</u>)
> 1 çay kaşığı Dijon tarzı hardal (bkz.<u>Yemek tarifi</u>)
> 1 çay kaşığı elma sirkesi veya beyaz şarap sirkesi
> ½ çay kaşığı karabiber
> Füme kırmızı biber veya taze maydanoz dalları

1. Yumurtaları yatay olarak ikiye bölün. Yumurta sarısını çıkarın ve orta boy bir kaseye koyun. Beyazları servis tabağına dizin.

2. Yumurta sarılarını çatalla ezin. Paleo mayoyu, Dijon usulü hardalı, sirkeyi ve karabiberi karıştırın. İyice karıştırın.

3. Yumurta sarısı karışımını yumurta beyazlarının yarısına dökün. Servise hazır duruma gelene kadar örtün ve soğutun. Kırmızı biber veya maydanoz dallarıyla süsleyin.

Wasabi Acılı Yumurtalar: Dijon usulü hardalı atlamak ve ¼ bardak artı 1 çay kaşığı Paleo mayonez kullanmak dışında, belirtildiği gibi hazırlayın. Küçük bir kapta 1 çay kaşığı wasabi tozu ve 1 çay kaşığı suyu karıştırarak macun kıvamına getirin. Yumurta sarısı karışımını ¼ bardak ince dilimlenmiş yeşil soğanla birlikte karıştırın. Dilimlenmiş taze soğanla süsleyin.

Chipotle Acılı Yumurtalar: Belirtildiği gibi hazırlayın, ancak ¼ fincan ince kıyılmış kişniş, 2 yemek kaşığı ince doğranmış kırmızı soğan ve ½ çay kaşığı öğütülmüş chipotle biberini yumurta sarısı karışımına karıştırın. İlave öğütülmüş chipotle biberi serpin.

Avokado Çiftliği Acılı Yumurtalar: Paleo Mayo'yu 2 yemek kaşığına düşürün ve Dijon usulü hardal ve sirkeyi çıkarın. ¼ bardak püresi avokado, 2 yemek kaşığı doğranmış taze frenk soğanı, 1 yemek kaşığı taze limon suyu, 1 yemek kaşığı kıyılmış maydanoz, 1 çay kaşığı kıyılmış dereotu, ½ çay kaşığı soğan tozu ve ¼ çay kaşığı sarımsak tozunu yumurta sarısı karışımına karıştırın. İnce doğranmış frenk soğanı ile süsleyin.

*İpucu: Yumurtaları sert bir şekilde kaynatmak için yumurtaları büyük bir tencereye tek kat halinde yerleştirin. 1 inç soğuk suyla örtün. Yüksek ateşte kaynatın. Ateşten alın. Örtün ve 15 dakika bekletin; salmak. Yumurtaların üzerine soğuk su dökün. tekrar süzülmesine izin verin.

KIZARMIŞ PATLICAN VE ROMESCO RULOLARI

HAZIRLIK:45 dakika Kızartma: 10 dakika Pişirme: 15 dakika
Yapılışı: yaklaşık 24 rulo

ROMESCO GELENEKSEL OLARAK BIR İSPANYOL
SOSUDUR.KÖZLENMIŞ KIRMIZI BIBERLERIN DOMATES,
ZEYTINYAĞI, BADEM VE SARIMSAKLA PÜRE HALINE
GETIRILMESIYLE YAPILIR. BU TARIFTEN YAKLAŞIK 2½ BARDAK
SOS ÇIKIYOR. KALAN SOSU, SIKICA KAPATILMIŞ BIR KAPTA
BUZDOLABINDA 1 HAFTAYA KADAR SAKLAYIN. KIZARTILMIŞ
VEYA IZGARALANMIŞ ET, KÜMES HAYVANLARI, BALIK VEYA
SEBZELERDE KULLANIN.

- 3 kırmızı biber, ikiye bölünmüş, sapları çıkarılmış ve çekirdekleri çıkarılmış
- 4 adet Roma domatesi, çekirdekleri çıkarılmış
- 1 1 kiloluk patlıcan, uçları kesilmiş
- ½ su bardağı sızma zeytinyağı
- 1 yemek kaşığı Akdeniz baharatları (bkz.<u>Yemek tarifi</u>)
- ¼ bardak badem, kızartılmış (bkz.<u>Uç</u>)
- 3 yemek kaşığı kavrulmuş sarımsak sosu (bkz.<u>Yemek tarifi</u>)
- Sızma zeytinyağı

1. Romesco sosunu hazırlamak için ızgarayı, ısıtma elemanından 4
ila 5 inç uzakta olacak şekilde fırın rafıyla önceden ısıtın. Kenarlı
bir fırın tepsisini folyo ile hizalayın. Hazırlanan fırın tepsisine
biberleri, dilimlenmiş kenarları ve domatesleri yerleştirin.
Yaklaşık 10 dakika veya cilt kararıncaya kadar kızartın. Fırın
tepsisini ızgaradan çıkarın ve sebzeleri folyoya sarın. kenara
koymak.

2. Fırın sıcaklığını 400°F'ye düşürün. Bir mandolin veya dilimleyici kullanarak patlıcanı uzunlamasına ¼ inç dilimler halinde kesin. (Yaklaşık 12 ila 14 dilime sahip olmalısınız.) İki fırın tepsisini folyoyla kaplayın; Patlıcan dilimlerini hazırlanan fırın tepsisine tek kat halinde yerleştirin. Patlıcan dilimlerinin her iki tarafını da zeytinyağıyla yağlayın. Akdeniz baharatlarını serpin. Dilimleri bir kez çevirerek yaklaşık 15 dakika veya yumuşayana kadar pişirin. Pişen patlıcanları soğuması için bir kenara koyun.

3. Bir mutfak robotunda ızgara biberleri ve domatesleri, bademleri ve kavrulmuş sarımsak sosunu birleştirin. Pürüzsüz bir sos yapmak için gerektiği kadar ilave zeytinyağı ekleyerek pürüzsüz hale gelinceye kadar örtün ve karıştırın.

4. Közlenmiş patlıcanın her bir dilimini yaklaşık 1 çay kaşığı Romesco sosuyla fırçalayın. Közlenmiş patlıcan dilimlerinin kısa ucundan başlayarak her bir dilimi spiral şeklinde yuvarlayıp çapraz olarak ikiye bölün. Her ruloyu tahta bir kürdanla sabitleyin.

VEJETARYEN SIĞIR ETI SARMALARI

BITIRMEK IÇIN BAŞLA:15 dakikada: 6 porsiyon (12 sarma)

BU ÇITIR RULOLAR ÖZELLIKLE IYIARTA KALAN YAVAŞ KAVRULMUŞ DANA BONFILE ILE YAPILIR (BKZ.<u>YEMEK TARIFI</u>). ETI KESMEDEN ÖNCE SOĞUTMAK DAHA TEMIZ KESECEK VE SIĞIR ETI DILIMLERINI MÜMKÜN OLDUĞUNCA INCE ALMANIZI SAĞLAYACAKTIR.

- 1 küçük kırmızı biber, sapları alınmış, yarıya bölünmüş ve çekirdekleri çıkarılmış
- 2 adet 3 inçlik İngiliz salatalığı, uzunlamasına ikiye bölünmüş ve tohumlanmış
- 2 3 inçlik havuç, soyulmuş
- ½ bardak daikon turp filizi
- 1 kiloluk artık sığır filetosu bonfile veya diğer kalan rosto sığır eti, soğutulmuş
- 1 avokado, soyulmuş, çekirdeği çıkarılmış ve 12 dilime kesilmiş
- Chimichurri sosu (bkz.<u>Yemek tarifi</u>)

1. Kırmızı biberi, salatalığı ve havucu uzun kibrit çöpü parçalarına kesin.

2. Rosto bifteği ince dilimler halinde kesin (12 dilime ihtiyacınız var). Gerekirse yaklaşık 4 × 2 inçlik parçalar elde etmek için dilimleri kesin. Her paket için temiz, kuru bir çalışma yüzeyine tek bir katman halinde 4 sığır dilimini yerleştirin. Her parçanın ortasına bir dilim avokado, bir parça biber, bir parça salatalık, bir parça havuç ve bir miktar filiz koyun. Eti sebzelerin üzerine yuvarlayın. Sargıları ek yeri aşağıya gelecek şekilde bir tabağa yerleştirin (gerekirse sargıları kürdanla sabitleyin). Toplam 12

sarma için bu işlemi iki kez tekrarlayın. Daldırma için chimichurri sosuyla servis yapın.

TARAK VE AVOKADO HINDIBA ISIRIKLARI

BITIRMEK IÇIN BAŞLA:25 dakika: 24 başlangıç

HINDIBA YAPRAKLARI MÜKEMMEL ÖLÇÜ KAŞIKLARIDIRHER TÜRLÜ DOLGUYU ÇATALSIZ YEMEK IÇIN. İŞTE ÇABUK KAVRULMUŞ CAJUN TARAKLARIYLA NARENCIYELI AVOKADO-BIBER TADI. SONUÇ KREMSI VE GEVREK, AYNI ZAMANDA SERIN VE SICAKTIR.

   1 pound taze veya dondurulmuş tarak

   1 ila 2 çay kaşığı Cajun baharatı (bkz.<u>Yemek tarifi</u>)

   24 orta ila büyük hindiba yaprağı (3 ila 4 hindiba başı) *

   1 olgun avokado, soyulmuş, çekirdeği çıkarılmış ve doğranmış

   1 kırmızı veya turuncu dolmalık biber, ince doğranmış

   2 yeşil soğan, doğranmış

   2 yemek kaşığı Parlak Narenciye Salatası (bkz.<u>Yemek tarifi</u>)
      veya taze limon suyu

   1 yemek kaşığı sızma zeytinyağı

1. Dondurulmuşsa tarakları çözün. Deniz taraklarını durulayın ve kağıt havluyla kurulayın. Orta boy bir kapta deniz taraklarını Cajun Baharatı ile karıştırın; kenara koymak.

2. Hindiba yapraklarını geniş bir tabağa dizin. Orta boy bir kapta avokado, biber, yeşil soğan ve Parlak Narenciye Salatasını yavaşça karıştırın. Hindiba yapraklarının üzerine kaşıkla dökün.

3. Büyük bir tavada zeytinyağını orta-yüksek ateşte ısıtın. **Tarak ekleyin; Sık sık karıştırarak 1 ila 2 dakika veya opaklaşana kadar pişirin. Hindiba yapraklarındaki avokado karışımının üzerine

tarakları kaşıklayın. Hemen servis yapın veya üzerini kapatıp 2 saate kadar soğutun. 24 meze yapar.

*Not: Küçük yaprakları doğrayıp salataya atmak için saklayın.

**Not: Deniz tarağı ince dokuludur ve pişirildiğinde kolayca yapışabilir. İyi hazırlanmış bir dökme demir tava yapışmaz bir yüzeye sahiptir ve bu iş için mükemmel bir seçimdir.

LIMONLU AÏOLI ILE OTLU ISTIRIDYE MANTARI CIPSI

HAZIRLIK:10 dakika pişirin: 30 dakika soğumaya bırakın: Şunu yapar: 4 ila 6 porsiyon

BUNLARI ILKBAHAR VE SONBAHARDA YAPIN,ISTIRIDYE MANTARI BOL OLDUĞUNDA. İSTIRIDYE MANTARLARI, ZEYTINYAĞI VE TAZE OTLARLA KAVRULDUĞUNDA LEZZETLI OLMASININ YANI SIRA MÜKEMMEL BIR PROTEIN KAYNAĞIDIR (KURU AĞIRLIK BAŞINA %30'A KADAR PROTEIN) VE KANDAKI KOLESTEROL SEVIYELERINI DÜŞÜRMEYE YARDIMCI OLABILECEK LOVASTATIN ADI VERILEN BIR BILEŞIK IÇERIR.

- 1 kiloluk istiridye mantarı, saplı
- 2 yemek kaşığı sızma zeytinyağı
- 3 yemek kaşığı doğranmış taze biberiye, kekik, adaçayı ve/veya kekik
- ½ fincan Paleo Aïoli (sarımsak mayonezi) (bkz.<u>Yemek tarifi</u>)
- ½ çay kaşığı ince kıyılmış limon kabuğu
- 1 yemek kaşığı taze limon suyu

1. Fırını 400°F'ye önceden ısıtın. Büyük bir fırın tepsisine metal bir raf yerleştirin. kenara koymak. Büyük bir kapta mantarları, zeytinyağını ve taze otları birleştirin. Mantarları eşit şekilde kaplayın. Mantarları fırın tepsisindeki rafa tek kat halinde yayın.

2. 30 ila 35 dakika veya mantarlar kızarana, cızırdayan ve hafif gevrekleşene kadar pişirin. Servis yapmadan önce 5 ila 10 dakika soğumaya bırakın (mantarlar soğudukça gevrekleşecektir).

3. Limonlu aïoli için küçük bir kasede paleo aïoli, limon kabuğu rendesi ve limon suyunu karıştırın. Mantar cipsi ile servis yapın.

KÖK SEBZE CIPSI

BU ÇITIR PATATES KIZARTMASI TAM DA BUPOŞETTE
ALDIKLARINIZ KADAR LEZZETLI; ÜSTELIK SAĞLIKSIZ
OLABILECEK BIR YAĞDA (KANOLA, ASPIR GIBI) KIZARTILIP, TUZ
ILAVESIYLE TATLANDIRILMIYOR. MÜMKÜN OLDUĞUNCA ÇITIR
OLMALARI IÇIN ÇOK INCE DILIMLERLE BAŞLAYIN.

> Temizlenmiş ve soyulmuş tatlı patates, şalgam, yaban havucu,
> havuç, şalgam, yaban havucu veya şalgam
>
> Sızma zeytinyağı
>
> Seçtiğiniz baharat karışımı (bkz.<u>Tarifler</u>)

1. Bir mandolin veya keskin bir şef bıçağı kullanarak sebzeleri
1/16 ila 1/32 inç dilimler halinde ince bir şekilde dilimleyin.
Dilimlerin yüzeyinden nişastayı çıkarmaya çalışırken dilimleri bir
kase buzlu suya aktarın.

2. Dilimleri bir salata döndürücüyle döndürerek kurutun (veya
kağıt havlular veya temiz pamuklu havlular arasında hafifçe
dokunarak kurulayın). Mikrodalgaya dayanıklı bir tabağı kağıt
havluyla kaplayın. Tabağa dokunmadan mümkün olduğu kadar
çok sebze dilimini düzenleyin. Fırçayla zeytinyağı sürün ve hafifçe
baharat serpin.

3. Mikrodalgayı 3 dakika boyunca yüksek sıcaklıkta ısıtın. Dilimleri
ters çevirin ve mikrodalgada 2 ila 3 dakika pişirin. Hızla
kahverengileşmeye başlayan dilimleri çıkarın. Patatesler çıtır çıtır
ve hafif kızarıncaya kadar 1 dakikalık aralıklarla orta ateşte
pişirmeye devam edin. Baharatları yakmamaya dikkat edin. Pişen
cipslerin tamamen çıtır çıtır olana kadar tabakta soğumasını

bekleyin, ardından servis kasesine aktarın. Kalan sebze dilimleriyle aynı işlemi tekrarlayın.

HAZIRLIK:10 dakika pişirin: 20 dakika pişirin: 4 ila 6 porsiyon

BUNLAR ÇITIR LAHANA CIPSLERINE BENZIYORAMA DAHA HASSAS. ÇITIR ÇITIR KALMALARINI SAĞLAMAK IÇIN, SIKICA KAPATILMIŞ BIR KAP YERINE RULO HALINE GETIRILMIŞ BIR KAĞIT TORBADA SAKLAYIN. BU ONLARIN SOLMASINA NEDEN OLUR.

1 demet hardal yeşillikleri, sapları ve kaburgaları çıkarılmış*

2 yemek kaşığı sızma zeytinyağı

2 çay kaşığı beyaz susam

1 çay kaşığı siyah susam

1. Fırını 300°F'ye önceden ısıtın. İki adet 15x10x1 inçlik fırın tepsisini parşömen kağıdıyla hizalayın.

2. Hardal yeşilliklerini ısırık büyüklüğünde parçalara ayırın. Büyük bir kapta sebzeleri ve zeytinyağını birleştirin. Kaplamak için yağı yaprakların yüzeyine hafifçe fırçalayın. Susam serpin; kaplamak için hafifçe fırlatın.

3. Hardal yapraklarını hazırlanan fırın tepsilerine tek kat halinde yerleştirin. Bir kez çevirerek yaklaşık 20 dakika veya koyulaşana ve gevrekleşene kadar pişirin. Hemen servis yapın veya soğutulmuş cipsleri 3 güne kadar kağıt torbada saklayın.

* Not: Saplar ve kaburgalar, yıldız anason soslu Asya köftesi yapmak için kullanılabilir (bkz.<u>Yemek tarifi</u>).

BAHARATLI KAVRULMUŞ PEPITA

BU SADECE ÇİĞNENECEK ŞEYACIKTIĞINIZDA VE AKŞAM YEMEĞINI HAZIRLARKEN. PEPITALAR KABUKLU KABAK ÇEKIRDEĞIDIR, ANCAK ISTERSENIZ BADEM VEYA CEVIZ GIBI BIR FINDIKLA DA DEĞIŞTIREBILIRSINIZ.

1 yumurta beyazı

2 çay kaşığı taze limon suyu

1 çay kaşığı öğütülmüş kimyon

½ çay kaşığı tuz ilavesiz biber tozu

½ çay kaşığı füme kırmızı biber

½ çay kaşığı karabiber

¼ çay kaşığı acı biber

¼ çay kaşığı öğütülmüş tarçın

2 su bardağı çiğ pepitas (soyulmuş kabak çekirdeği)

1. Fırını 350°F'ye önceden ısıtın. Bir fırın tepsisini parşömen kağıdıyla hizalayın; kenara koymak.

2. Orta boy bir kapta yumurta aklarını kabarıncaya kadar çırpın. Limon suyu, kimyon, toz biber, kırmızı biber, karabiber, kırmızı biber ve tarçını ekleyin. İyice karışana kadar çırpın. Pepita ekleyin. Tüm pepitalar iyice kaplanana kadar karıştırın. Pepitaları hazırlanan fırın tepsisine eşit şekilde yayın.

3. Sık sık karıştırarak yaklaşık 20 dakika veya altın rengi kahverengi ve gevrek oluncaya kadar pişirin. Pepitalar hala sıcakken topakları ayırın.

4. Tamamen soğumaya bırakın. Hava geçirmez bir kapta oda
sıcaklığında 1 haftaya kadar saklayın.

BITKI CHIPOTLE FINDIK

CHIPOTLE CHILES KURUTULMUŞ, TÜTSÜLENMIŞ JALAPENODUR.HER NE KADAR EN SAF HALIYLE ŞEKER, TUZ VE SOYA FASULYESI YAĞI IÇEREN ADOBO SOSU TICARI OLARAK ÇOK POPÜLER HALE GELMIŞ OLSA DA, BIBERIN KENDISINDEN BAŞKA HIÇBIR IÇERIK BULUNMUYOR. YIYECEKLERE HARIKA, DUMANLI-SICAK BIR TAT VERIRLER.

- 1 yumurta beyazı
- 2 yemek kaşığı sızma zeytinyağı
- 2 çay kaşığı doğranmış taze kekik
- 1 çay kaşığı doğranmış taze biberiye
- 1 çay kaşığı öğütülmüş chipotle biber
- 1 çay kaşığı ince kıyılmış portakal kabuğu
- 2 su bardağı tuzsuz bütün fındık (badem, ceviz, ceviz ve/veya kaju fıstığı)

1. Fırını 350°F'ye önceden ısıtın. Folyo ile 15x10x1 inçlik bir fırın tepsisini hizalayın; Tavayı bir kenara koyun.

2. Orta boy bir kapta yumurta aklarını kabarıncaya kadar çırpın. Zeytinyağı, kekik, biberiye, toz biber ve portakal kabuğu rendesini ekleyin. İyice karışana kadar çırpın. Fındıkları ekleyin ve kaplamak için karıştırın. Hazırlanan fırın tepsisine fındıkları tek kat halinde yayın.

3. Sık sık karıştırarak 20 dakika veya fındıklar altın rengi kahverengi ve gevrek oluncaya kadar pişirin. Hala sıcakken topakları ayırın. Tamamen soğumaya bırakın.

4. Hava geçirmez bir kapta oda sıcaklığında 1 haftaya kadar
saklayın.

KÖZLENMIŞ KIRMIZI BIBERLI SEBZELI HUMUS

HAZIRLIK:20 dakika Kızartma: 20 dakika Beklemede: 15 dakika
Yapılışı: 4 porsiyon

EĞER ISTERSEN YAPABILIRSINBU LEZZETLI SOSU 3 GÜN ÖNCESINE KADAR YAPIN. 2. ADIMDA ANLATILDIĞI GIBI HAZIRLAYIN VE SERVIS KASESINE YERLEŞTIRIN. ÖRTÜN VE 2 GÜNE KADAR SOĞUTUN. SERVIS YAPMADAN HEMEN ÖNCE MAYDANOZU KARIŞTIRIN.

- 1 orta boy kırmızı biber, çekirdeği çıkarılmış ve dörde bölünmüş
- 3 diş sarımsak, soyulmuş
- ¼ çay kaşığı sızma zeytinyağı
- ½ su bardağı dövülmüş badem
- 3 yemek kaşığı çam fıstığı
- 2 yemek kaşığı çam fıstığı ezmesi (bkz.<u>Yemek tarifi</u>)
- 1 çay kaşığı ince kıyılmış limon kabuğu
- 2 ila 3 yemek kaşığı taze limon suyu
- ¼ bardak doğranmış taze maydanoz
- Taze sebze çubukları (havuç, biber, salatalık, kereviz ve/veya kabak)

1. Fırını 425°F'ye önceden ısıtın. Küçük bir fırın tepsisini folyoyla kaplayın; Biber dilimlerini yanları aşağı bakacak şekilde folyoya yerleştirin. Sarımsak dişlerini küçük bir folyo parçasının üzerine yerleştirin; Zeytinyağı gezdirin. Folyoyu sarımsak dişlerinin etrafına sarın. Biber çeyrekleriyle birlikte tavaya bir paket sarımsak koyun. Biber ve sarımsağı 20 ila 25 dakika veya biberler kömürleşip çok hassas hale gelinceye kadar kızartın. Sarımsak paketini soğuması için bir rafa yerleştirin. Folyoyu biber

çeyreklerinin etrafına getirin ve kenarları kapatacak şekilde birbirine katlayın. 15 dakika veya yeterince soğuyana kadar bekletin. Biberliklerin kenarlarını gevşetmek için keskin bir bıçak kullanın. Kabuklarını dikkatlice şeritler halinde soyun ve atın.

2. Bu arada, küçük bir tavada çam fıstıklarını orta ateşte 3 ila 5 dakika veya hafifçe kızarana kadar kızartın. Hafifçe soğumaya bırakın.

3. Kavrulmuş fındıkları mutfak robotuna yerleştirin. Kapağını kapatıp ince ince doğrayın. Biber çeyreklerini, diş sarımsaklarını, çam fıstığı ezmesini, limon kabuğu rendesini ve limon suyunu ekleyin. Örtün ve çok pürüzsüz olana kadar işleyin. Kasenin kenarlarını kazımak için ara sıra durun.

4. Fıstık karışımını servis kasesine aktarın; Maydanozu karıştırın. Daldırma için taze sebzelerle servis yapın.

BUZLU ZENCEFIL HIBISKUS ÇAYI

HAZIRLIK:10 dakika Bekleme: 20 dakika verim: 6 (8 ons) porsiyon

KURUTULMUŞ EBEGÜMECI ÇIÇEKLERI ÇOK FERAHLATICIDIR.BAHARATLI TADIYLA MEKSIKA'DA VE DÜNYANIN DIĞER BÖLGELERINDE POPÜLER OLAN ÇAY. ZENCEFIL ILE ISLATMAK ONA BIRAZ ÇEKICILIK KATAR. ÇALIŞMALAR, EBEGÜMECININ SAĞLIKLI KAN BASINCINI VE KOLESTEROLÜ KORUMAK IÇIN FAYDALI OLDUĞUNU VE C VITAMINI AÇISINDAN ÇOK YÜKSEK OLDUĞUNU GÖSTERMIŞTIR.

6 su bardağı soğuk su

1 bardak kesilmemiş, kurutulmuş ebegümeci çiçeği (flor de jamaica)

2 yemek kaşığı iri rendelenmiş, soyulmuş taze zencefil

Buz küpleri

Portakal ve limon dilimleri

1. 2 bardak suyu kaynatın. Ebegümeci çiçeklerini ve zencefili büyük bir kapta birleştirin. Ebegümeci karışımının üzerine kaynar su dökün; üzerini kapatıp 20 dakika bekletin.

2. Karışımı ince gözenekli bir elekten geçirerek büyük bir sürahiye süzün. Katıları atın. Kalan 4 su bardağı soğuk suyu ekleyin; iyice karıştırın.

3. Çayı uzun bardaklarda buzla servis edin. Portakal ve limon dilimleriyle süsleyin.

ÇILEK KAVUN NANE AGUA FRESCA

BITIRMEK IÇIN BAŞLA:20 dakikada: yaklaşık 8 porsiyon (10 bardak)

AGUA FRESCA "TATLI SU" ANLAMINA GELIRİSPANYOLCA VE EĞER SUYU SERINLETICI OLARAK IYILEŞTIREBILIYORSANIZ, IŞTE BU KADAR. ÇOĞU AGUA FRESKASI MEYVEYE EK OLARAK ILAVE ŞEKER IÇERIR, ANCAK BUNLAR YALNIZCA MEYVEDEKI DOĞAL ŞEKERE DAYANMAKTADIR. SICAK BIR GÜNDE HIÇBIR ŞEY DAHA LEZZETLI OLAMAZ - VE HARIKA BIR ALKOLSÜZ PARTI IÇECEĞI YAPARLAR.

2 pound taze çilek, soyulmuş ve yarıya bölünmüş

3 su bardağı doğranmış tatlı kavun

6 su bardağı soğuk su

1 bardak taze nane yaprağı, yırtılmış

2 limon suyu ve servis için dilimlenmiş dilimler

Buz küpleri

Nane dalları

Kireç takozlar

1. Bir karıştırıcıda çilekleri, kavunu ve 2 bardak suyu birleştirin. Örtün ve pürüzsüz olana kadar karıştırın. Karışımı ince gözenekli bir elekten geçirerek bir sürahiye veya büyük bir bardağa süzün. Katıları atın.

2. Bir karıştırıcıda 1 bardak nane yaprağını, limon suyunu ve 1 bardak suyu birleştirin. Karışımı ince gözenekli elekten geçirerek çilek-kavun karışımına dökün.

3. 3 bardak suyu karıştırın. Hemen servis yapın veya servise hazır olana kadar soğutun. Buz üzerinde uzun bardaklarda servis yapın. Nane dalları ve limon dilimleriyle süsleyin.

KARPUZ VE YABAN MERSINI AGUA FRESCA

BU IÇECEK IÇIN MEYVE PÜRESI2 ILA 24 SAAT ARASINDA BUZDOLABINDA SAKLANABILIR. GAZLI BIR IÇECEK IÇIN MEYVEYLE KARIŞTIRILMIŞ KARBONATLI SU IÇERMESI NEDENIYLE BAZI AGUA FRESKLERINDEN BIRAZ FARKLIDIR. "KÖPÜKLÜ SU" VEYA YÜKSEK SODYUM IÇERIĞINE SAHIP SODA SUYU DEĞIL, DOĞAL KARBONATLI MADEN SUYU SATIN ALDIĞINIZDAN EMIN OLUN.

6 su bardağı doğranmış, çekirdekleri çıkarılmış karpuz

1 su bardağı taze yaban mersini

¼ fincan gevşekçe paketlenmiş taze nane yaprakları

¼ bardak taze limon suyu

12 ons doğal karbonatlı maden suyu, soğutulmuş

Buz küpleri

Nane yaprakları

Kireç dilimleri

1. Bir blender veya mutfak robotunda karpuz küplerini, yaban mersini, ¼ fincan nane ve limon suyunu gerekirse gruplar halinde birleştirin. Her şey pürüzsüz olana kadar püre haline getirin. Püre haline getirilmiş meyveyi 2 ila 24 saat buzdolabında saklayın.

2. Servis etmek için soğutulmuş karbonatlı suyu püre haline getirilmiş meyve karışımına karıştırın. Buzlu uzun bardaklara dökün. İlave nane yaprakları ve limon dilimleri ile süsleyin.

SALATALIK AGUA FRESCA

HAZIRLIK:15 dakika soğuk: 1 saat üretim: 6 porsiyon

TAZE FESLEĞEN MEYAN KÖKÜ AROMASINA SAHIPTIRBU, HER TÜRLÜ MEYVEYLE, ÖZELLIKLE DE ÇILEK, ŞEFTALI, KAYISI VE KAVUNLA HARIKA BIR ŞEKILDE UYUM SAĞLAR.

- 1 büyük çekirdeksiz (İngiliz) salatalık, soyulmuş ve dilimlenmiş (yaklaşık 2 bardak)
- 1 bardak ahududu
- 2 adet olgun kayısı, çekirdeği çıkarılmış ve dörde bölünmüş
- ¼ bardak taze limon suyu
- 1 yemek kaşığı doğranmış taze fesleğen
- ½ çay kaşığı doğranmış taze kekik
- 2 ila 3 bardak su
- Buz küpleri

1. Bir blender veya mutfak robotunda salatalık, ahududu, kayısı, limon suyu, fesleğen ve kekiği birleştirin. 2 bardak su ekleyin. Örtün ve pürüzsüz hale gelinceye kadar karıştırın veya karıştırın. İstenilen kıvama gelinceye kadar istenirse ilave su ekleyin.

2. En az 1 saat veya 1 haftaya kadar soğutun. Buz üzerinde uzun bardaklarda servis yapın.

HINDISTAN CEVIZI ÇAYI

BU CHAI ÇAY IÇERMIYOR- SADECE IYI BAHARATLANMIŞ HINDISTANCEVIZI SÜTÜ VE BIRAZ TAZE PORTAKAL SUYU. KÖPÜKLÜ BIR KAPLAMA IÇIN HER PORSIYONA EK HINDISTAN CEVIZI SÜTÜ ÇIRPILIP KAŞIKLA EKLENEBILIR.

12 bütün kakule kabuğu

10 bütün yıldız anason

10 bütün karanfil

2 çay kaşığı karabiber

1 çay kaşığı bütün kurutulmuş yenibahar

4 bardak su

3 2½ inç tarçın çubuğu

2 2 inç uzunluğunda ve 1 inç genişliğinde portakal kabuğu şeritleri

1 3 inçlik parça taze zencefil, ince halkalar halinde kesilmiş

½ çay kaşığı öğütülmüş hindistan cevizi

1 15 onsluk hindistan cevizi sütü konservesi

½ su bardağı taze portakal suyu

2 çay kaşığı saf vanilya özü

1. Elektrikli bir baharat öğütücüde kakule kabuklarını, yıldız anasonu, karanfilleri, karabiberleri ve yenibaharı birleştirin. Çok iri bir şekilde öğütülene kadar nabız atın. (Ya da kakule kabuklarını, yıldız anasonu, karanfilleri, karabiberleri ve yenibaharı büyük, yeniden kapatılabilir bir plastik torba içinde birleştirin. Baharatları kabaca ezmek için bir et tokmağı veya ağır

hizmet tipi bir tavanın dibini kullanın.) Baharatları kabaca orta boy bir tencere.

2. Ezilmiş baharatları tencerede orta ateşte yaklaşık 2 dakika veya kokusu çıkana kadar sık sık karıştırarak hafifçe kızartın. Yakmayın. Su, tarçın çubukları, portakal kabuğu, zencefil ve hindistan cevizi ekleyin. Kaynatın; Isıyı azaltın. 15 dakika kadar ağzı açık olarak pişirin.

3. Hindistan cevizi sütünü, portakal suyunu ve vanilya özünü ekleyip karıştırın. Tamamen ısıtılıncaya kadar pişirin. Tülbentle kaplı ince gözenekli bir süzgeçten geçirin ve hemen servis yapın.

YAVAŞ KAVRULMUŞ DANA BONFILE

HAZIRLIK:10 dakika Bekleme: 50 dakika Kızartma: 1 saat 45 dakika Yapılışı: 8 ila 10 porsiyon

BU ÖZEL BIR GÜN KIZARTMADIR.EMIN OLMAK. ODA SICAKLIĞINDA BIRAKMAK IKI ŞEYI BAŞARIR: KIZARTMADAN ÖNCE BAHARATIN ETE TAT VERMESINI SAĞLAR VE AYNI ZAMANDA PIŞIRME SÜRESINI KISALTIR, BÖYLECE KIZARTMA MÜMKÜN OLDUĞU KADAR YUMUŞAK VE SULU KALIR. BU KALITEDEKI ETLER ORTA PIŞMIŞ PIŞMIŞ ETLERDEN FAZLA TÜKETILMEMELIDIR. ARTIKLARI SEBZE-SIĞIR ETI SARMALARINDA KULLANIN (BKZ.YEMEK TARIFI).

1 adet 3½ ila 4 kiloluk dana bonfile, ikiye kesilmiş ve %100 pamuklu mutfak ipiyle bağlanmış

Sızma zeytinyağı

½ bardak Akdeniz baharatı (bkz.Yemek tarifi)

½ çay kaşığı karabiber

Trüf mantarı ile aşılanmış zeytinyağı (isteğe bağlı)

1. Filetoyu her tarafına zeytinyağıyla sürün ve üzerine Akdeniz baharatları ve karabiber serpin. Oda sıcaklığında 30 ila 60 dakika bekletin.

2. Fırını, rafin alt üçte birlik kısmında olacak şekilde 450°F'ye önceden ısıtın. Kenarlı bir fırın tepsisini folyo ile hizalayın; Fırın tepsisine bir kızartma tavası yerleştirin.

3. Eti fırın tepsisine yerleştirin. 15 dakika kızartın. Fırını 250°F'ye düşürün. 1¾ ila 2½ saat daha uzun süre veya orta-az pişmiş için iç sıcaklık 135°F'ye ulaşana kadar kızartın. Fırından çıkarın; Folyo ile çadır. Eti 20 ila 30 dakika bekletin. Dizeyi kaldır. Eti ⅓ inçlik dilimler halinde kesin. İstenirse ete hafifçe trüf yağı gezdirin.

NADIR VIETNAM TARZI SIĞIR SALATASI

HAZIRLIK:40 dakika dondurun: 45 dakika soğuk: 15 dakika bekletin: 5 dakika Yapılışı: 4 porsiyon

HER NE KADAR PIŞIRME IŞLEMIÇÜNKÜ ET, KAYNAYAN ANANAS SUYUNDA BAŞLIYOR, LIMON VE SOĞUK ANANAS SUYUNUN KARIŞIMIYLA BITIYOR. BU MEYVE SULARINDAKI ASIT, ETI ISI OLMADAN "PIŞIRMEYE" DEVAM EDER; BUNUN FAZLASI LEZZETI VE YUMUŞAKLIĞI YOK EDEBILIR.

BIFTEK

1 kiloluk dana bonfile

4½ bardak %100 ananas suyu

1 su bardağı taze limon suyu

¼ kırmızı soğan, çok ince dilimlenmiş

¼ beyaz soğan, çok ince dilimlenmiş

½ su bardağı ince dilimlenmiş yeşil soğan

½ su bardağı iri kıyılmış taze kişniş

½ su bardağı iri kıyılmış taze nane

½ bardak iri kıyılmış taze Tay fesleğeni (bkz.<u>Fark etme</u>)

Macadamia sosu (sağdaki tarife bakın)

SALATA

8 adet buzdağı marul yaprağı

2 yemek kaşığı kıyılmış kaju fıstığı, kızartılmış (bkz.<u>Uç</u>)

1 Thai Bird Chili, çok ince dilimlenmiş (bkz.<u>Uç</u>) (İsteğe bağlı)

1 yemek kaşığı susam

Karabiber

Taze kişniş dalları (isteğe bağlı)

Kireç dilimleri (isteğe bağlı)

1. Sığır eti yaklaşık 45 dakika veya kısmen donuncaya kadar dondurun. Çok keskin bir bıçak kullanarak eti kağıt inceliğinde dilimler halinde kesin. Büyük bir tencerede 4 bardak ananas suyunu kaynatın. Meyve suyunu kaynatmak için ısıyı azaltın. Sığır eti küçük porsiyonlar halinde kaynayan suyun içinde birkaç saniye haşlanır (et oldukça az pişmiş olmalıdır). Fazla sıvıyı silkeleyin ve eti orta boy bir kaseye koyun. Eti hafifçe soğuması için buzdolabında 15 ila 20 dakika soğutun.

2. Kasedeki ete 1 su bardağı limon suyunu ve kalan ½ su bardağı ananas suyunu ekleyin. Sığır etinin oda sıcaklığında 5 ila 10 dakika veya istenen donanıma gelinceye kadar meyve sularında "pişirilmesine" izin verin. Etteki fazla sıvıyı boşaltın ve geniş bir kaseye koyun. Kırmızı soğan, beyaz soğan, yeşil soğan, kişniş, nane ve fesleğen ekleyin; birleştirmek için atın. Macadamia sosunu sığır eti karışımının üzerine dökün; ceketine fırlat.

3. Salataları hazırlamak için her servis tabağına 2 marul yaprağı yerleştirin. Sığır eti karışımını marul kaplı tabaklara bölün. İstenirse kaju fıstığı, Tay biberi (istenirse), susam ve karabiber serpin. Arzu ederseniz kişniş dallarıyla süsleyip misket limonu dilimleriyle servis yapın.

Macadamia Sosu: Sıkı kapaklı küçük bir kavanozda ¼ bardak macadamia yağı, 1 çorba kaşığı taze limon suyu, 1 çorba kaşığı ananas suyu ve ¼ ila ½ çay kaşığı ezilmiş kırmızı biberi birleştirin. Örtün ve iyice çalkalayın.

MANGO, JICAMA, ŞILI VE KAVRULMUŞ KABAK ÇEKIRDEĞI SALATASI ILE MEKSIKA USULÜ KIZARMIŞ GÖĞÜS ETI

HAZIRLIK:20 dakika marine edin: Bir gece pişirin: 3 saat bekletin: 15 dakika Yapılışı: 6 porsiyon

BRISKETI GECE BOYUNCA MARINE EDINDOMATES, CHIPOTLE BIBER VE MEKSIKA BAHARATININ KARIŞIMIYLA INANILMAZ BIR LEZZET VE DAĞILAN BIR YUMUŞAKLIK KAZANIYOR. PASLANMAZ ÇELIK VEYA EMAYE DÖKME DEMIR GIBI REAKTIF OLMAYAN BIR KAPTA MARINE ETTIĞINIZDEN EMIN OLUN. ALÜMINYUM, DOMATES GIBI ASIDIK BILEŞENLERLE REAKSIYONA GIRER VE AROMA ÜRETEBILIR; BU DA SAĞLIK AÇISINDAN KÖTÜ BIR FIKIRDIR (BKZ.“ALÜMINYUMU ORTADAN KALDIRIN”).

GÖĞÜS ETI

1 3 kiloluk sığır eti göğüs eti

2 su bardağı dana kemik suyu (bkz.Yemek tarifi) veya tuz eklenmemiş et suyu

1 15 onsluk tuz eklenmemiş ezilmiş domates

1 bardak su

1 kurutulmuş chipotle veya ancho biber, dilimlenmiş

2 çay kaşığı Meksika baharatı (bkz.Yemek tarifi)

SALATA

1 olgun mango, soyulmuş ve çekirdekleri çıkarılmış

1 jicama, soyulmuş ve jülyen şeritler halinde kesilmiş

3 yemek kaşığı yeşil kabak çekirdeği, kavrulmuş *

½ jalapeno, çekirdekleri çıkarılmış ve ince doğranmış (bkz.Uç)

1 ila 2 yemek kaşığı doğranmış taze kişniş

3 yemek kaşığı taze limon suyu

1 yemek kaşığı sızma zeytinyağı

Kireç takozlar

1. Göğüs etindeki fazla yağı kesin. Paslanmaz çelik veya emaye Hollanda fırınına yerleştirin. Sığır eti kemik suyu, süzülmemiş domates, su, chipotle biberi ve Meksika baharatını ekleyin. Örtün ve gece boyunca buzdolabında saklayın.

2. Hollandalı fırını yüksek ısıya yerleştirin; kaynatın. Isıyı azaltın ve kapağı kapalı olarak 3 ila 3½ saat veya yumuşayana kadar pişirin. Fırından çıkarın, kapağını kapatın ve 15 dakika bekletin.

3. Bu arada salata için soyulmuş mangoyu ¼ inç kalınlığında dilimler halinde kesin. Her dilimi 3 şerit halinde kesin. Orta boy bir kapta mango, jicama, kabak çekirdeği, jalapeño ve kişnişi birleştirin. Küçük bir kapta limon suyu ve zeytinyağını karıştırın; salataya ekleyin ve atın; kenara koymak.

4. Eti bir kesme tahtası üzerine yerleştirin; Eti tahıl boyunca kesin. İstenirse pişirme suyunun bir kısmını etin üzerine gezdirin. Eti salatayla birlikte servis edin. Kireç dilimleriyle süsleyin.

*İpucu: Tohumları ve ince kıyılmış fındıkları kızartmak için bunları küçük, kuru bir tavaya serpin ve orta ateşte altın rengi kahverengi olana kadar ısıtın. Yanmamaları için sık sık karıştırın.

SIĞIR GÖĞÜS ETI VE TAZE KIRMIZI ŞILI HARISSALI MARUL SARMASI

HAZIRLIK:20 dakika Kızartma: 4 saat Bekleme: 15 dakika Yapım: 6 ila 8 porsiyon

HARISSA ATEŞLI, ACI BIR SOSTURTUNUS'TAN GELIYOR, KIZARTILMIŞ ET VE BALIKLARDA BAHARAT OLARAK VE GÜVEÇLERDE TATLANDIRICI OLARAK KULLANILIYOR. HER AŞÇININ KENDINE ÖZGÜ BIR VERSIYONU VARDIR, ANCAK BIBERIN YANI SIRA NEREDEYSE HER ZAMAN KIMYON, KIMYON, SARIMSAK, KIŞNIŞ VE ZEYTINYAĞI DA IÇERIR.

GÖĞÜS ETI

- 1 3 ila 3 ½ pound göğüs eti
- 2 çay kaşığı öğütülmüş ancho şili biberi
- 1 çay kaşığı sarımsak tozu
- 1 çay kaşığı soğan tozu
- 1 çay kaşığı öğütülmüş kimyon
- ¼ bardak sızma zeytinyağı
- 1 su bardağı dana kemik suyu (bkz.<u>Yemek tarifi</u>) veya tuz eklenmemiş et suyu

HARISSA

- 1 çay kaşığı kişniş tohumu
- 1 çay kaşığı kimyon
- ½ çay kaşığı kimyon
- 8 ila 10 kırmızı Fresno şili, kırmızı Anaheim şili veya kırmızı jalapenos, sapları alınmış, tohumlanmış (istenirse) ve doğranmış (bkz.)<u>Uç</u>)
- 3 diş sarımsak, kıyılmış

Marul yaprakları

1. Fırını 300°F'ye önceden ısıtın. Göğüs etindeki fazla yağı kesin. Küçük bir kapta öğütülmüş ancho şili biberi, sarımsak tozu, soğan tozu ve kimyonu birleştirin. Baharat karışımını etin üzerine serpin. ete sürtün.

2. 5 ila 6 litrelik bir fırında, 1 çorba kaşığı zeytinyağını orta-yüksek ateşte ısıtın. Brisketin her iki tarafını da kızgın yağda kızartın; Hollandalı fırını ocaktan alın. Dana kemik suyunu ekleyin. Kapağını kapatıp 4 ila 4½ saat veya et yumuşayana kadar kızartın.

3. Bu arada harissayı yapmak için kişniş tohumlarını, kimyonu ve kimyonu küçük bir tavada birleştirin. Tavayı orta ateşte yerleştirin. Tavayı sık sık sallayarak tohumları yaklaşık 5 dakika veya kokusu çıkana kadar kızartın. soğumaya bırakın. Kızarmış tohumları öğütmek için bir baharat öğütücü veya havan ve havaneli kullanın. Bir mutfak robotunda öğütülmüş tohum karışımını, taze biberleri, sarımsağı ve kalan 3 yemek kaşığı zeytinyağını birleştirin. Pürüzsüz olana kadar işlem yapın. Bir kaseye koyun; örtün ve en az 1 saat soğutun.

4. Hollandalı fırını fırından çıkarın. 15 dakika bekletin. Eti bir kesme tahtasına aktarın; Eti tahıl boyunca kesin. Servis tabağına yerleştirin ve üzerine pişirme sıvısının bir kısmını gezdirin. Servis yapmak için marul yapraklarını dilimlenmiş göğüs eti ile doldurun. harissa'nın üstüne.

BITKI KABUKLU KIZARMIŞ GÖZ, YUVARLAK KÖK SEBZE PÜRESI VE TAVA SOS ILE

HAZIRLIK:25 dakika pişirin: 25 dakika kızartın: 40 dakika bekletin: 10 dakika Yapılışı: 6 porsiyon

HEPSINI KAYDETTIĞINIZDEN EMIN OLUNSEBZELERI SÜZDÜĞÜNÜZDE KAYNAR SU. AYRILAN SU HEM KÖK PÜRESINDE HEM DE ET SOSUNDA KULLANILIYOR.

KIZARMIŞ ET

½ bardak sıkıca paketlenmiş taze maydanoz yaprağı

¼ bardak doğranmış taze kekik

1 yemek kaşığı çekilmiş karabiber

2 çay kaşığı ince kıyılmış limon kabuğu

4 diş sarımsak, soyulmuş

4 yemek kaşığı sızma zeytinyağı

1 3 kiloluk yuvarlak kızartma gözü

2 yemek kaşığı Dijon tarzı hardal (bkz.Yemek tarifi)

TAVA SOSU

1 su bardağı doğranmış soğan

1 su bardağı dilimlenmiş mantar

1 defne yaprağı

¼ bardak sek kırmızı şarap

1 su bardağı dana kemik suyu (bkz.Yemek tarifi) veya tuz eklenmemiş et suyu

1 yemek kaşığı sızma zeytinyağı

2 çay kaşığı şeri veya balzamik sirke

1 tarif kök sebze püresi (bkz.Yemek tarifi, altında)

1. Fırın rafını fırının alt üçte birlik kısmına yerleştirin. Fırını
400°F'ye önceden ısıtın. Bir mutfak robotunda maydanoz, kekik,
biber, limon kabuğu rendesi, diş sarımsak ve 2 yemek kaşığı
zeytinyağını birleştirin. Sarımsak iri bir şekilde doğranana kadar
nabız atın. Sarımsak karışımını bir kenara koyun.

2. Orta boy bir tavada veya ekstra büyük, fırına dayanıklı bir
tavada, kalan 2 yemek kaşığı zeytinyağını orta-yüksek ateşte ısıtın.
Kızartmayı ekleyin ve her tarafı yaklaşık 4 dakika olmak üzere her
tarafı kızarıncaya kadar kızartın. Kızartmayı tavadan çıkarın;
Tavayı ocaktan çıkarın. Dijon usulü hardalı rostonun üzerine
yayın. Yapıştırmak için bastırarak kızartmanın üzerine sarımsak
karışımını serpin. Kızartmayı tavaya geri koyun. 40 ila 45 dakika
boyunca veya kızartma kayıtlarının ortasına bir et termometresi
130°F ila 135°F arasında yerleştirilene kadar, kapağı açık olarak
kızartın. Eti bir kesme tahtasına aktarın; folyo ile gevşek çadır.
Kesmeden önce 10 dakika bekletin.

3. Bu arada sosu hazırlamak için tavayı veya kızartma tavasını
ocağın üzerine yerleştirin. Orta-yüksek ateşte ısıtın. Soğanı,
mantarları ve defne yaprağını ekleyin; yaklaşık 5 dakika veya
soğan yarı saydam oluncaya kadar pişirin ve karıştırın. Şarabı
karıştırın; Yaklaşık 2 dakika veya şarap neredeyse buharlaşana
kadar pişirin, tavanın altındaki kahverengileşmiş parçaları kazıyın.
1 bardak ayırdığınız sebze pişirme suyunu ve dana kemik suyunu
ekleyin. Kaynatın; Isıyı azaltın. Sos miktarı 1 bardağa düşene
kadar, ara sıra karıştırarak yaklaşık 4 dakika, kapağı açık olarak
pişirin.

4. Sosu ince gözenekli bir elekten geçirerek büyük bir ölçüm
kabına süzün; Katıları atın. Sosun içine zeytinyağı ve sirkeyi

karıştırın. Rosto bifteği kök püresiyle birlikte servis edin; Sosla gezdirin.

Ezilmiş kök püresi: Büyük bir tencerede 3 orta boy havucu soyun, soyun ve büyük parçalar halinde kesin; 3 orta boy yaban havucu, soyulmuş ve büyük parçalar halinde kesilmiş; 2 orta boy pancar, soyulmuş ve büyük parçalar halinde kesilmiş; 1 büyük tatlı patates, soyulmuş ve büyük parçalar halinde kesilmiş; ve 2 dal taze biberiye. Sebzelerin üzerini kaplayacak kadar su ekleyin. Kaynatın; Isıyı azaltın. Kapağı kapalı olarak 15 ila 20 dakika veya sebzeler iyice yumuşayana kadar pişirin. Sebzeleri boşaltın ve pişirme suyunu saklayın. Biberiyeyi atın. Sebzeleri tekrar tavaya ekleyin. Patates ezici veya elektrikli karıştırıcıyla ezin ve ayrılmış pişirme suyunun bir kısmını istenilen kıvama gelinceye kadar gezdirin (kalan sebze suyunu tava sosu için ayırın). Acı biberle tatlandırın. Servis yapmaya hazır olana kadar örtün ve sıcak tutun.

KÖZLENMIŞ BIBER PESTOLU SIĞIR ETI VE SEBZE ÇORBASI

HAZIRLIK:40 dakika pişirin: 1 saat 25 dakika bekletin: 20 dakika
Yapılışı: 8 porsiyon

FÜME KIRMIZI BIBER - AYNI ZAMANDA YENIBAHAR DA DENIR-
BIBERLERIN DUMANLI MEŞE ATEŞINDE KURUTULMASIYLA
YAPILAN, INANILMAZ LEZZET VEREN BIR İSPANYOL KIRMIZI
BIBERIDIR. ÜÇ ÇEŞIDI VARDIR: TATLI VE YUMUŞAK (DULCE),
ORTA SICAK (AGRIDULCE) VE SICAK (PICANTE). ZEVKINIZE
GÖRE SEÇIN.

1 yemek kaşığı sızma zeytinyağı

2 pound kemiksiz sığır eti aynası, fazla yağdan arındırılmış ve
1 inç küpler halinde kesilmiş

1 su bardağı doğranmış soğan

1 su bardağı dilimlenmiş havuç

1 bardak dilimlenmiş kereviz

1 su bardağı dilimlenmiş yaban havucu

1 su bardağı dilimlenmiş taze mantar

½ bardak doğranmış şalgam

½ çay kaşığı füme kırmızı biber

½ çay kaşığı kurutulmuş biberiye, ezilmiş

½ çay kaşığı ezilmiş kırmızı biber

½ fincan sek kırmızı şarap

8 su bardağı dana kemik suyu (bkz.<u>Yemek tarifi</u>) veya tuz
eklenmemiş et suyu

2 su bardağı doğranmış taze domates

1 defne yaprağı

1 su bardağı doğranmış, soyulmuş tatlı patates veya balkabağı

2 su bardağı kıyılmış lahana yaprağı veya lahana

¾ bardak doğranmış kabak veya sarı yaz kabağı

¾ bardak doğranmış kuşkonmaz

¾ bardak çok küçük karnabahar çiçekleri

Kırmızı biber pesto (bkz.<u>Yemek tarifi</u>, altında)

1. 6 ila 8 litrelik bir fırında, zeytinyağını orta-yüksek ateşte ısıtın. Sığır etinin yarısını tavadaki sıcak yağa ekleyin; 5 ila 6 dakika veya her tarafı iyice kızarana kadar pişirin. Sığır eti tavadan çıkarın. Kalan sığır eti ile tekrarlayın. Tencerenin dibindeki kızaran parçaların kavrulmasını önlemek için ısıyı gerektiği gibi ayarlayın.

2. Hollandalı fırına soğan, havuç, kereviz, yaban havucu, mantar ve şalgam ekleyin. Isıyı orta seviyeye düşürün. Sebzeler gevrek ve yumuşak oluncaya kadar 7 ila 8 dakika pişirin ve karıştırın. Kızaran kısımları tahta kaşıkla kazıyın. Kırmızı biber, biberiye ve ezilmiş kırmızı biberi ekleyin; 1 dakika pişirin ve karıştırın. Şarabı karıştırın; Neredeyse buharlaşana kadar pişirin. Sığır kemik suyunu, domatesleri, defne yaprağını, kızartılmış sığır etini ve biriken meyve sularını ekleyin. Kaynatın; Isıyı azaltın. Yaklaşık 1 saat veya sığır eti ve sebzeler yumuşayana kadar kapağı kapalı olarak pişirin. Tatlı patates ve lahanayı karıştırın; 20 dakika kaynamaya bırakın. Kabak, kuşkonmaz ve karnabaharı ekleyin; yaklaşık 5 dakika veya sadece gevrekleşene kadar pişirin. Defne yaprağını çıkarın ve atın.

3. Servis yapmak için çorbayı servis kaselerine koyun ve üzerine biraz kırmızı biberli pesto ekleyin.

Kırmızı Biber Pesto: Izgarayı fırının üst üçte birlik kısmında fırın rafı ile önceden ısıtın. Folyo kaplı bir fırın tepsisine 3 kırmızı biber yerleştirin. Biber yüzeylerini 1 yemek kaşığı sızma zeytinyağıyla ovalayın. Biberleri 10 ila 15 dakika kadar veya ciltleri koyulaşana, kabarcıklar oluşana ve biberler yumuşamaya başlayana kadar kızartın. Kavurma sırasında ikiye bölün. Biberleri geniş bir kaseye koyun. Kaseyi plastik ambalajla örtün. 20 dakika veya soğuyana kadar bekletin. Biberlerin tohumlarını, saplarını ve kabuklarını çıkarın ve atın. Biberleri parçalara ayırın. Bir mutfak robotunda ½ su bardağı taze maydanoz yaprağını, ¼ su bardağı rendelenmiş bademi ve 3 diş sarımsağı ince ince doğrayın. Közlenmiş kırmızı biber, 2 yemek kaşığı sızma zeytinyağı, 1 yemek kaşığı ince doğranmış portakal kabuğu, 2 çay kaşığı balzamik veya şeri sirkesi, kırmızı biber ve acı biberi ekleyin. İnce doğranana kadar ama akıcı olmayana kadar nabız atın. İstenilen kıvama ulaşmak için gerekirse 1 yemek kaşığı daha zeytinyağı ekleyin. Hava geçirmez bir kaba aktarın. Servise hazır duruma gelene kadar örtün ve soğutun.

YAVAŞ PIŞIRILMIŞ TATLI VE TUZLU DANA GÜVEÇ

HAZIRLIK:25 dakika pişirin: 6 dakika bekletin: 10 dakika yavaşça pişirin: 9 saat (düşük) veya 4½ saat (yüksek) + 15 dakika (yüksek)
Hazırlanışı: 4 porsiyon

BU DOYURUCU GÜVEÇTEKI TATLILIKAZ MIKTARDA KURU KAYISI VE KURU KIRAZDAN ELDE EDILIR. İŞLENMEMIŞ GIDALAR SATAN HERHANGI BIR PAZARDA KÜKÜRTSÜZ, ŞEKERSIZ KURUTULMUŞ MEYVELER ARAYIN.

- 1½ pound kemiksiz dana kol kızartma veya kemiksiz sığır eti kızartma
- 2 yemek kaşığı rafine hindistan cevizi yağı
- 1 su bardağı kaynar su
- ½ bardak kurutulmuş shiitake mantarı
- 1 su bardağı taze soyulmuş veya dondurulmuş arpa soğan, büyükse yarıya bölünmüş
- 3 orta boy yaban havucu, uzunlamasına ikiye bölünmüş ve çapraz olarak 2 inçlik parçalar halinde kesilmiş
- 3 orta boy havuç, uzunlamasına ikiye bölünmüş ve çapraz olarak 2 inçlik parçalar halinde dilimlenmiş
- 6 diş sarımsak, ince dilimlenmiş
- 1 defne yaprağı
- 1 çay kaşığı kurutulmuş adaçayı veya kekik veya 1 yemek kaşığı taze adaçayı veya kekik
- 2½ bardak sığır eti kemik suyu (bkz.<u>Yemek tarifi</u>) veya tuz eklenmemiş et suyu
- 4 su bardağı iri kıyılmış, dilimlenmiş taze pazı veya karalahana
- ½ fincan sek kırmızı şarap
- 2 yemek kaşığı doğranmış kükürtsüz, şekersiz kuru kayısı
- 2 yemek kaşığı kükürtsüz, şekersiz kurutulmuş kiraz

1. Sığır etinin yağını kesin. Sığır eti 1½ inçlik parçalar halinde kesin. Büyük bir tavada, 1 yemek kaşığı hindistancevizi yağını orta-yüksek ateşte ısıtın. Sığır eti ekleyin; Ara sıra karıştırarak 5 ila 7 dakika veya kızarana kadar pişirin. Oluklu bir kaşık kullanarak sığır etini 3½ veya 4 litrelik yavaş tencereye aktarın. Kalan hindistancevizi yağı ve sığır eti ile aynı işlemi tekrarlayın. İstenirse, sığır eti tavasından damlayanları tencereye kazıyın.

2. Küçük bir kapta kaynar su ve kurutulmuş mantarları birleştirin. Ana sayfa; 10 dakika bekletin. Mantarları boşaltın ve ıslatma sıvısını saklayın. Mantarları durulayın; Mantarları irice doğrayın ve dana eti ile birlikte tencereye ekleyin. Islatma sıvısını ince gözenekli bir süzgeçten yavaş pişiriciye dökün.

3. Soğan, yaban havucu, havuç, sarımsak, defne yaprağı ve kurutulmuş adaçayı veya kekiği (kullanılıyorsa) ekleyin. Her şeyin üzerine dana kemik suyunu dökün. Ana sayfa; Düşük ateşte 9 ila 10 saat veya yüksek ateşte 4½ ila 5 saat pişirin.

4. Defne yaprağını çıkarın ve atın. Ocaktaki güvece pazı, şarap, kayısı, kiraz ve taze adaçayı veya kekiği (kullanılıyorsa) ekleyin. Düşük ısı ayarını kullanıyorsanız yüksek ısı ayarına geçin. Ana sayfa; 15 dakika daha pişirelim. Servis yapmak için sıcak servis kaselerine alın.

BRÜKSEL LAHANASI VE KIRAZ ILE KURUTULMUŞ KANAT BIFTEK

HAZIRLIK:20 dakika pişirin: 20 dakika pişirin: 4 kişilik

3 yemek kaşığı rafine hindistan cevizi yağı

1½ pound Brüksel lahanası, kesilmiş ve dörde bölünmüş

½ bardak dilimlenmiş arpacık soğanı

1½ su bardağı çekirdeği çıkarılmış taze kiraz

1 çay kaşığı doğranmış taze kekik

1 yemek kaşığı balzamik sirke

1½ pound dana gögüs biftek

1 yemek kaşığı doğranmış taze biberiye

2 yemek kaşığı doğranmış taze kekik

½ çay kaşığı karabiber

1. Büyük bir tavada 2 yemek kaşığı hindistancevizi yağını orta-yüksek ateşte ısıtın. Brüksel lahanasını ve arpacık soğanı ekleyin. Ara sıra karıştırarak, kapağı kapalı olarak 15 dakika pişirin. Kirazları ve kekiği ekleyin ve tavanın dibindeki kahverengileşmiş parçaları kazımak için karıştırın. Yaklaşık 5 dakika veya Brüksel lahanaları kızarıp yumuşayana kadar kapağı açık pişirin. Sirke ekleyin; Kızartma tavasını ocaktan alın.

2. Biftekleri dört parçaya bölün; Her bifteğin her iki tarafına biberiye, kekik ve karabiber serpin. Ekstra büyük bir tavada 1 yemek kaşığı hindistancevizi yağını orta-yüksek ateşte ısıtın. Tavaya biftek ekleyin; 8 ila 10 dakika kadar veya anında okunan bir termometre orta için 145°F kaydedene kadar pişirin ve pişirme işleminin yarısında bir kez çevirin.

3. Biftekleri ince dilimler halinde kesin ve Brüksel lahanası ve
   kirazla birlikte servis yapın.

ASYA YAN BIFTEK ÇORBASI

1½ pound dana göğüs biftek

2 yemek kaşığı sızma zeytinyağı

1 kiloluk shiitake mantarı, sapları alınmış ve dilimlenmiş

1 demet taze soğan, ince dilimlenmiş

2 su bardağı kıyılmış Çin lahanası

1 su bardağı ince dilimlenmiş havuç

6 büyük diş sarımsak (kıyılmış) (1 yemek kaşığı)

1 yemek kaşığı doğranmış taze zencefil

1 çay kaşığı karabiber

8 su bardağı dana kemik suyu (bkz.<u>Yemek tarifi</u>) veya tuz
  eklenmemiş et suyu

1 yaprak nori deniz yosunu, ufalanmış

1 su bardağı ince dilimlenmiş daikon turp

⅓ bardak taze limon suyu

4 adet haşlanmış yumurta, soyulmuş ve ikiye bölünmüş

Kireç takozlar

1. İstenirse, kesmeyi kolaylaştırmak için sığır etini kısmen
   dondurun (yaklaşık 20 dakika). Biftekleri uzunlamasına
   ikiye bölün, ardından her bir yarıyı tahıl boyunca ince
   şeritler halinde dilimleyin. Şeritleri yarıya indirin. 6
   litrelik bir fırında, 1 çorba kaşığı zeytinyağını orta-yüksek
   ateşte ısıtın. Kanat bifteğinin yarısını ekleyin; ara sıra
   karıştırarak yaklaşık 3 dakika veya güzelce kızarana kadar
   pişirin. Eti tavadan çıkarın; Kalan zeytinyağı ve biftekle
   aynı işlemi tekrarlayın. Bifteği Hollanda fırınından çıkarın
   ve bir kenara koyun.

2. Isıyı orta seviyeye düşürün; Hollanda fırınına shiitake mantarlarını, yeşil soğanı, Çin lahanasını, havuçları, sarımsakları ve biberi ekleyin. Sık sık karıştırarak 5 dakika pişirin. Hollanda fırınına gögüs bifteğini, dana kemik suyunu ve ufalanmış deniz yosununu ekleyin. Kaynatın; Isıyı azaltın. Yaklaşık 5 dakika veya havuçlar yumuşayana kadar kapağı kapalı olarak pişirin.

3. Çorbaya daikon turpu, limon suyu ve haşlanmış yumurta ekleyin. Çorbayı tekrar kaynatın. Isıtmayı derhal kapatın. Çorbayı sıcak servis kaselerine paylaştırın. Kireç dilimleriyle süsleyin.

SUSAMLI KARNABAHAR PILAVI ILE YAN BIFTEK

1½ pound dana gögüs biftek

4 su bardağı doğranmış karnabahar

2 yemek kaşığı susam

2 çay kaşığı rafine hindistan cevizi yağı

¾ çay kaşığı ezilmiş kırmızı biber

¼ bardak doğranmış taze kişniş

3 yemek kaşığı hindistancevizi yağı

½ su bardağı ince dilimlenmiş yeşil soğan

1 yemek kaşığı rendelenmiş taze zencefil

6 diş kıyılmış sarımsak (1 yemek kaşığı)

1 yemek kaşığı ince dilimlenmiş taze limon otu

2 adet kırmızı, yeşil ve/veya sarı biber, çekirdekleri çıkarılmış ve şeritler halinde kesilmiş

2 su bardağı küçük brokoli çiçeği

½ bardak et kemik suyu (bkz.<u>Yemek tarifi</u>) veya tuz eklenmemiş et suyu

¼ bardak taze limon suyu

Dilimlenmiş yeşil soğan (isteğe bağlı)

Ezilmiş kırmızı biber (isteğe bağlı)

1. İstenirse, daha kolay kesilmesi için yan bifteği kısmen dondurun (yaklaşık 20 dakika). Kanat bifteğini uzunlamasına ikiye bölün; Her yarımı tahıl boyunca ince şeritler halinde dilimleyin. Et şeritlerini bir kenara koyun.

2. Karnabahar pirincini hazırlamak için, 2 bardak karnabaharı mutfak robotunda parçalar pirinç boyutuna gelinceye kadar çekin; orta boy bir kaseye yerleştirin. Kalan 2 bardak karnabaharla aynı işlemi tekrarlayın. Büyük bir

tavada susam tohumlarını orta ateşte yaklaşık 2 dakika veya altın kahverengi olana kadar kızartın. 2 çay kaşığı hindistancevizi yağını ve ¼ çay kaşığı ezilmiş kırmızı biberi ekleyin; 30 saniye pişmeye bırakın. Tavaya karnabahar pirinci ve kişnişi ekleyin; karıştırmak. Isıyı azaltın; Kapağını kapatın ve 6 ila 8 dakika veya karnabahar yumuşayana kadar pişirin. Sıcak tutun.

3. Ekstra büyük bir tavada 1 yemek kaşığı hindistancevizi yağını orta-yüksek ateşte ısıtın. Et şeritlerinin yarısını ekleyin; İstenilen donanıma ulaşana kadar pişirin ve karıştırın. Eti tavadan çıkarın. 1 çorba kaşığı kalan hindistancevizi yağı ve kalan et dilimleri ile tekrarlayın; Eti bir kenara koyun. Tavayı boşaltın.

4. Aynı tavada kalan 1 yemek kaşığı hindistancevizi yağını orta-yüksek ateşte ısıtın. Tavaya yeşil soğan, zencefil, sarımsak, limon otu ve kalan ½ çay kaşığı ezilmiş kırmızı biberi ekleyin. 30 saniye pişirin ve karıştırın. Tavaya biber, brokoli ve dana kemik suyu ekleyin. Ara sıra karıştırarak yaklaşık 5 dakika veya brokoli yumuşayana kadar pişirin. Et ve limon suyunu karıştırın; 1 dakika daha pişirelim. Karnabahar pilavının üzerinde servis yapın. İstenirse üzerine ilave yeşil soğan ve/veya ezilmiş kırmızı biber ekleyin.

CHIMICHURRI SOSLU DOLDURULMUŞ BIFTEK

HAZIRLIK:30 dakika Kızartma: 35 dakika Bekleme: 10 dakika
Yapılışı: 4 porsiyon

1 orta boy tatlı patates, soyulmuş (yaklaşık 12 ons)

1 yemek kaşığı sızma zeytinyağı

6 diş kıyılmış sarımsak (1 yemek kaşığı)

2 çay kaşığı sızma zeytinyağı

1 5 onsluk paket taze bebek ıspanak

1½ pound yan biftek

2 çay kaşığı çekilmiş karabiber

2 yemek kaşığı sızma zeytinyağı

½ fincan chimichurri sosu (bkz.<u>Yemek tarifi</u>)

1. Fırını 400°F'ye önceden ısıtın. Büyük bir fırın tepsisini parşömen kağıdıyla hizalayın. Bir mandolin kullanarak tatlı patatesi uzunlamasına yaklaşık 1 cm kalınlığında dilimler halinde kesin. Orta boy bir kapta tatlı patates dilimlerini 1 yemek kaşığı yağla karıştırın. Dilimleri hazırlanan fırın tepsisine eşit şekilde yayın. Yaklaşık 15 dakika veya yumuşayana kadar kızartın. Soğuması için bir kenara koyun.

2. Fırına dayanıklı, ekstra büyük bir tavada sarımsağı ve 2 çay kaşığı zeytinyağını birleştirin. Orta ateşte yaklaşık 2 dakika veya sarımsak hafifçe pişene, ancak kahverengileşmeyene kadar ara sıra karıştırarak pişirin. Tavaya ıspanak ekleyin; solana kadar pişirin. Ispanakları soğuması için bir tabağa aktarın. Tavayı bir kenara koyun.

3. Yaklaşık 1 inç aralıklarla baklava desenli sığ, diyagonal kesimler yaparak gögüs bifteğinin her iki tarafını da çizin.

Kanat bifteğini iki parça plastik ambalajın arasına yerleştirin. Bifteği yaklaşık 1 cm kalınlığa gelinceye kadar dövmek için et tokmağının düz tarafını kullanın. Pişmiş ıspanaktaki fazla sıvıyı sıkın ve bifteğin üzerine eşit şekilde yayın. Üstüne tatlı patatesleri koyun, gerektiği gibi üst üste binen dilimler. Uzun bir kenardan başlayarak yan bifteği yuvarlayın. Rulo bifteği 1 inç aralıklarla %100 pamuklu mutfak ipiyle bağlayın. Kırılmış karabiber serpin.

4. Ispanağı pişirmek için kullandığınız tavaya 2 yemek kaşığı yağı ekleyin. Tavaya et ekleyin; Her tarafı kızarana kadar pişirin, eti gerektiği gibi çevirerek eşit şekilde kızartın. Etli tavayı fırına yerleştirin. Kapağı açık olarak 20 ila 25 dakika veya ortasına yerleştirilen anında okunan et termometresi 145°F'yi kaydedene kadar kızartın.

5. Eti tavadan çıkarın ve folyoyla örtün. 10 dakika bekletin. mutfak kablosunu çıkarın; Eti çapraz olarak yarım santim kalınlığında dilimleyin. Chimichurri sos ile servis yapın.

ELMA HARDALLI PASPAS SOSLU FÜME BEBEK SIRT KABURGASI

ISLATMA:1 saat Stand: 15 dakika Duman: 4 saat Pişirme: 20 dakika Yapım: 4 porsiyon<u>FOTOĞRAF</u>

ZENGIN LEZZET VE ETLI DOKUFÜME KABURGA SERIN VE ÇITIR BIR ŞEYLER ISTER. HEMEN HEMEN HER LAHANA SALATASI IŞ GÖRÜR, ANCAK REZENE LAHANA SALATASI (BKZ.<u>YEMEK TARIFI</u>VE RESIMDE<u>BURADA</u>) ÖZELLIKLE IYIDIR.

PIRZOLA

8 ila 10 elma veya ceviz parçası

3 ila 3½ pound domuz filetosu bebek sırt kaburgaları

¼ bardak Dumanlı Baharat (bkz.<u>Yemek tarifi</u>)

SOS

1 orta boy elma, soyulmuş, çekirdeği çıkarılmış ve ince dilimlenmiş

¼ bardak doğranmış soğan

¼ bardak su

¼ bardak elma sirkesi

2 yemek kaşığı Dijon tarzı hardal (bkz.<u>Yemek tarifi</u>)

2 ila 3 yemek kaşığı su

1. Tütsülemeden en az 1 saat önce tahta parçalarını üzerini kaplayacak kadar suda bekletin. Kullanmadan önce boşaltın. Kaburgalardaki görünür yağları kesin. Gerekirse kaburgaların arkasındaki ince zarı soyun. Kaburgaları geniş, sığ bir tavaya yerleştirin. Dumanlı Baharatı eşit şekilde serpin; parmaklarınızla ovalayın. 15 dakika oda sıcaklığında bekletin.

2. Üreticinin talimatlarına göre önceden ısıtılmış kömürleri, süzülmüş odun parçalarını ve bir tava suyu bir tütsüleme

kabına yerleştirin. Tavaya su dökün. Kaburgaları, kemik kısımları aşağıya gelecek şekilde, su kabının üzerindeki ızgara rafına yerleştirin. (Ya da kaburgaları bir kaburga rafına yerleştirin; kaburga rafını ızgara ızgarasının üzerine yerleştirin.) Kapağı kapatın ve 2 saat boyunca tütsüleyin. Sigara içme süresi boyunca sigara içen kişinin içindeki sıcaklığın yaklaşık 22°C olmasını sağlayın. Sıcaklığı ve nemi korumak için gerektiği kadar ilave kömür ve su ekleyin.

3. Bu arada paspas sosu için küçük bir tencerede elma dilimlerini, soğanları ve ¼ bardak suyu birleştirin. Kaynatın; Isıyı azaltın. Ara sıra karıştırarak, üstü kapalı olarak 10 ila 12 dakika veya elma dilimleri iyice yumuşayana kadar pişirin. Hafifçe soğumaya bırakın; Süzülmemiş elma ve soğanı bir mutfak robotuna veya karıştırıcıya aktarın. Örtün ve pürüzsüz olana kadar işleyin veya karıştırın. Püreyi tekrar tencereye koyun. Sirke ve Dijon usulü hardalı karıştırın. Orta ateşte ara sıra karıştırarak 5 dakika pişirin. Sosu salata sosu kıvamına getirmek için 2 ila 3 yemek kaşığı su (veya gerektiği kadar daha fazla) ekleyin. Sosu üçe bölün.

4. 2 saat sonra kaburgaları paspas sosunun üçte biri ile cömertçe kaplayın. Kapağını kapatıp 1 saat daha tütsüleyin. Tekrar paspas sosunun üçte birini fırçalayın. Her bir kaburga dilimini ağır folyoya sarın, kaburgaları tekrar sigara içicinin üzerine yerleştirin ve gerekirse üst üste istifleyin. Kapağı kapatın ve 1 ila 1½ saat daha veya kaburgalar yumuşayana kadar tütsüleyin. *

5. Kaburgaları açın ve silme sosun kalan üçte birini üzerlerine yayın. Servis yaparken kaburgaları kemiklerin arasından dilimleyin.

*İpucu: Kaburgaların hassasiyetini test etmek için, kaburga panellerinden birindeki folyoyu dikkatlice çıkarın. Plakayı plakanın üst çeyreğinden tutarak, maşa ile nervürlü plakayı alın. Kaburga plakasını etli tarafı aşağı bakacak şekilde çevirin. Kaburgalar hassassa, levha kaldırıldığında parçalanmalıdır. Yumuşak değilse, tekrar folyoya sarın ve kaburgaları yumuşayana kadar içmeye devam edin.

TAZE ANANAS SALATASI ILE FIRINDA BARBEKÜ KIR TARZI DOMUZ KABURGA

HAZIRLIK:20 dakika pişirin: 8 dakika pişirin: 1 saat 15 dakika
Yapılışı: 4 porsiyon

COUNTRY TARZI DOMUZ KABURGALARI ETLIDIR.UCUZDUR VE DOĞRU ŞEKILDE IŞLENDIĞINDE (MESELA BARBEKÜ SOSUNDA AZ VE YAVAŞ PIŞIRILDIĞINDE) ERIYECEK KADAR YUMUŞAK HALE GELIR.

2 pound kemiksiz kır tarzı domuz kaburga

¼ çay kaşığı karabiber

1 yemek kaşığı rafine hindistan cevizi yağı

½ su bardağı taze portakal suyu

1½ bardak Barbekü sosu (bkz.<u>Yemek tarifi</u>)

3 su bardağı kıyılmış yeşil ve/veya kırmızı lahana

1 su bardağı rendelenmiş havuç

2 su bardağı ince doğranmış ananas

⅓ bardak Parlak Narenciye Salatası (bkz.<u>Yemek tarifi</u>)

Barbekü sosu (bkz.<u>Yemek tarifi</u>) (İsteğe bağlı)

1. Fırını 350°F'ye önceden ısıtın. Domuz eti biberle serpin. Ekstra büyük bir tavada hindistancevizi yağını orta-yüksek ateşte ısıtın. Domuz kaburgalarını ekleyin; 8 ila 10 dakika veya kahverengileşene ve eşit şekilde kızarana kadar pişirin. Kaburgaları 3 litrelik dikdörtgen bir pişirme kabına yerleştirin.

2. Sosu hazırlamak için tavaya portakal suyunu ekleyin ve kızaran kısımları kazımak için karıştırın. 1½ bardak barbekü sosunu karıştırın. Sosu kaburgaların üzerine

dökün. Kaburgaları sosla kaplayacak şekilde çevirin (gerekirse, sosu kaburgaların üzerine sürmek için bir hamur fırçası kullanın). Fırın tepsisini alüminyum folyo ile sıkıca kapatın.

3. Kaburgaları 1 saat pişirin. Folyoyu çıkarın ve kaburgaları sosla birlikte pişirme kabından yayın. Yaklaşık 15 dakika daha veya kaburgalar yumuşayıp kızarıncaya ve sos hafifçe koyulaşıncaya kadar pişirin.

4. Bu arada Ananas Salatası yapmak için lahana, havuç, ananas ve Parlak Narenciye Salatasını birleştirin. Servis yapmaya hazır olana kadar örtün ve soğutun.

5. İstenirse kaburgaları lahana salatası ve ilave barbekü sosuyla servis edin.

BAHARATLI DOMUZ GULAŞI

HAZIRLIK:20 dakika pişirin: 40 dakika pişirin: 6 kişilik

BU MACAR USULÜ GÜVEÇ SERVIS EDILIYORBIR YEMEK IÇIN ÇITIR, ZAR ZOR SOLMUŞ LAHANA YATAĞINDA. KIMYON TOHUMLARINI HAVANDA EZIN VE VARSA HAVANDA DÖVÜN. DEĞILSE, BIÇAĞIN ÜZERINE YUMRUĞUNUZLA HAFIFÇE BASTIRARAK ŞEF BIÇAĞININ GENIŞ TARAFININ ALTINDA EZIN.

GULAŞ

1½ pound kıyma domuz eti

2 su bardağı doğranmış kırmızı, turuncu ve/veya sarı biber

¾ bardak ince doğranmış kırmızı soğan

1 küçük taze kırmızı biber, çekirdekleri çıkarılmış ve ince
doğranmış (bkz.<u>Uç</u>)

4 çay kaşığı Dumanlı Baharat (bkz.<u>Yemek tarifi</u>)

1 çay kaşığı kimyon, ezilmiş

¼ çay kaşığı öğütülmüş mercanköşk veya kekik

1 14 onsluk tuz eklenmemiş doğranmış domates, süzülmemiş

2 yemek kaşığı kırmızı şarap sirkesi

1 yemek kaşığı ince kıyılmış limon kabuğu

⅓ su bardağı doğranmış taze maydanoz

LAHANA

2 yemek kaşığı zeytinyağı

1 orta boy soğan, dilimlenmiş

1 küçük baş yeşil veya kırmızı lahana, çekirdeği çıkarılmış ve
ince dilimlenmiş

1. Gulaş yapmak için, domuz eti, biber ve soğanı büyük bir
Hollanda fırınında orta ateşte 8 ila 10 dakika veya domuz

eti artık pembe olmayıncaya ve sebzeler gevrekleşene kadar bir tahta kaşıkla karıştırarak pişirin. et. Yağ boşaltın. Isıyı en aza indirin; Kırmızı biber, dumanlı baharat, kimyon ve mercanköşk ekleyin. Kapağını kapatıp 10 dakika pişirin. Süzülmemiş domates ve sirkeyi ekleyin. Kaynatın; Isıyı azaltın. Kapağı kapalı olarak 20 dakika kadar pişirin.

2. Bu arada, lahana için yağı ekstra büyük bir tavada orta-yüksek ateşte ısıtın. Soğanı ekleyin ve yumuşayana kadar yaklaşık 2 dakika pişirin. Lahana ekleyin; birleştirmek için karıştırın. Isıyı azaltın. Ara sıra karıştırarak yaklaşık 8 dakika veya lahana yumuşayana kadar pişirin.

3. Servis yapmak için lahana karışımının bir kısmını tabağa koyun. Üstüne gulaş ekleyin ve üzerine limon kabuğu rendesi ve maydanoz serpin.

DILIMLENMIŞ REZENE VE KAVRULMUŞ SOĞAN ILE İTALYAN SOSISLI KÖFTE MARINARA

HAZIRLIK:30 dakika pişirin: 30 dakika pişirin: 40 dakika pişirin: 4 ila 6 kişilik

BU TARIF NADIR BIR ÖRNEKTIRTAZE VERSIYON KADAR - HATTA DAHA IYI OLMASA DA - IŞE YARAYAN BIR KONSERVE ÜRÜN. ÇOK ÇOK OLGUN DOMATESLERINIZ OLMADIĞI SÜRECE, TAZE DOMATESLI SOSTA, KONSERVE DOMATESTEKI KADAR IYI BIR KIVAM ELDE EDEMEZSINIZ. SADECE TUZ EKLENMEMIŞ VE DAHA DA IYISI ORGANIK OLAN BIR ÜRÜN KULLANDIĞINIZDAN EMIN OLUN.

KÖFTELER

- 2 büyük yumurta
- ½ su bardağı badem unu
- 8 diş sarımsak, kıyılmış
- 6 yemek kaşığı kuru beyaz şarap
- 1 yemek kaşığı kırmızı biber
- 2 çay kaşığı karabiber
- 1 çay kaşığı rezene tohumu, hafifçe ezilmiş
- 1 çay kaşığı kurutulmuş kekik, ezilmiş
- 1 çay kaşığı kurutulmuş kekik, ezilmiş
- ¼ ila ½ çay kaşığı acı biber
- 1½ pound kıyma domuz eti

MARINARA

- 2 yemek kaşığı zeytinyağı
- 2 adet 15 onsluk kutu tuzsuz ezilmiş domates veya bir adet 28 onsluk kutu tuzsuz ezilmiş domates

½ su bardağı doğranmış taze fesleğen

3 orta boy rezene soğanı, yarıya bölünmüş, çekirdekleri
çıkarılmış ve ince dilimlenmiş

1 büyük tatlı soğan, yarıya bölünmüş ve ince dilimlenmiş

1. Fırını 375°F'ye önceden ısıtın. Büyük bir fırın tepsisini
parşömen kağıdıyla hizalayın. kenara koymak. Büyük bir
kapta yumurtaları, badem ununu, 6 diş kıyılmış sarımsağı,
3 yemek kaşığı şarabı, kırmızı biberi, 1½ çay kaşığı
karabiberi, rezene tohumlarını, kekik, kekik ve kırmızı
biberi birlikte çırpın. Domuz eti ekleyin; iyice karıştırın.
Domuz eti karışımını 1½ inçlik köfteler haline getirin
(yaklaşık 24 köfteniz olmalıdır); Hazırlanan fırın tepsisine
tek kat halinde düzenleyin. Pişirme sırasında bir kez
çevirerek yaklaşık 30 dakika veya hafifçe kızarıncaya
kadar pişirin.

2. Bu arada marinara sosu için 1 çorba kaşığı zeytinyağını 4 ila
6 litrelik fırında ısıtın. Kalan 2 diş kıyılmış sarımsağı
ekleyin; yaklaşık 1 dakika veya kahverengileşmeye
başlayana kadar pişirin. Kalan 3 yemek kaşığı şarabı,
ezilmiş domatesleri ve fesleğenleri hızla ekleyin. Kaynatın;
Isıyı azaltın. 5 dakika kadar ağzı açık olarak pişirin. Pişmiş
köfteleri marinara sosuna yavaşça karıştırın. Örtün ve 25
ila 30 dakika pişirin.

3. Geriye kalan 1 yemek kaşığı zeytinyağını büyük bir tavada
orta-yüksek ateşte ısıtın. Dilimlenmiş rezene ve soğanı
karıştırın. Sık sık karıştırarak 8 ila 10 dakika veya
yumuşayana ve hafifçe kızarıncaya kadar pişirin. Kalan ½
çay kaşığı karabiber ile tatlandırın. Köfteleri ve marinara
sosunu rezene ve soğan kızartmasının üzerine servis edin.

FESLEĞEN VE ÇAM FISTIĞI ILE DOMUZ ETI ILE DOLDURULMUŞ KABAK TEKNELERI

HAZIRLIK:20 dakika pişirin: 22 dakika pişirin: 20 dakika pişirin: 4 kişilik

ÇOCUKLAR BU EĞLENCELI YEMEĞE BAYILACAKIÇI BOŞ KABAK, KIYILMIŞ DOMUZ ETI, DOMATES VE BIBERLE DOLDURULMUŞ. İSTENIRSE 3 YEMEK KAŞIĞI FESLEĞEN PESTOYU KARIŞTIRIN (BKZ.YEMEK TARIFI) TAZE FESLEĞEN, MAYDANOZ VE ÇAM FISTIĞI YERINE.

2 orta boy kabak

1 yemek kaşığı sızma zeytinyağı

12 ons kıyma domuz eti

¾ su bardağı doğranmış soğan

2 diş sarımsak, kıyılmış

1 su bardağı doğranmış domates

⅔ bardak ince doğranmış sarı veya turuncu dolmalık biber

1 çay kaşığı rezene tohumu, hafifçe ezilmiş

½ çay kaşığı ezilmiş kırmızı biber gevreği

¼ bardak doğranmış taze fesleğen

3 yemek kaşığı kıyılmış taze maydanoz

2 yemek kaşığı kavrulmuş çam fıstığı (bkz.Uç) ve kabaca doğranmış

1 çay kaşığı ince kıyılmış limon kabuğu

1. Fırını 350°F'ye önceden ısıtın. Kabağı uzunlamasına ikiye bölün ve ortasını dikkatlice kazıyarak ¼ inç kalınlığında bir kabuk bırakın. Kabak posasını kabaca doğrayın ve bir kenara koyun. Kabak yarımlarını folyo kaplı bir fırın tepsisine yanları yukarı bakacak şekilde yerleştirin.

2. İç harcı hazırlamak için zeytinyağını büyük bir tavada orta-
   yüksek ateşte ısıtın. Kıyılmış domuz eti ekleyin; Eti
   parçalamak için tahta kaşıkla karıştırarak
   pembeleşmeyene kadar pişirin. Yağ boşaltın. Isıyı orta
   seviyeye düşürün. Ayrılmış kabak posası, soğan ve
   sarımsağı ekleyin; yaklaşık 8 dakika veya soğan
   yumuşayana kadar pişirin ve karıştırın. Domates, biber,
   rezene tohumu ve ezilmiş kırmızı biberi ilave edip
   karıştırın. Yaklaşık 10 dakika veya domatesler
   yumuşayana ve parçalanmaya başlayana kadar pişirin.
   Tavayı ocaktan alın. Fesleğen, maydanoz, çam fıstığı ve
   limon kabuğu rendesini karıştırın. Doldurmayı kabak
   kabuklarının arasına paylaştırın ve hafifçe toplayın. 20 ila
   25 dakika veya kabak kabukları çıtır çıtır olana kadar
   pişirin.

HINDISTAN CEVIZI SÜTÜ VE OTLAR ILE KÖRILI DOMUZ ETI VE ANANASLI ERIŞTE KASELERI

HAZIRLIK:30 dakika pişirin: 15 dakika pişirin: 40 dakika pişirin: 4 kişilik<u>FOTOĞRAF</u>

1 büyük spagetti kabak

2 yemek kaşığı rafine hindistan cevizi yağı

1 pound kıyma domuz eti

2 yemek kaşığı ince doğranmış yeşil soğan

2 yemek kaşığı taze limon suyu

1 yemek kaşığı doğranmış taze zencefil

6 diş sarımsak, kıyılmış

1 yemek kaşığı kıyılmış limon otu

1 yemek kaşığı Tay usulü kırmızı köri tozu, tuz ilavesiz

1 su bardağı doğranmış kırmızı biber

1 su bardağı doğranmış soğan

½ bardak jülyen doğranmış havuç

1 baby bok choy, dilimlenmiş (3 su bardağı)

1 su bardağı dilimlenmiş taze mantar

1 veya 2 Tay kuş biberi, ince dilimlenmiş (bkz.<u>Uç</u>)

1 13,5 onsluk doğal hindistan cevizi sütü kutusu (Nature's Way gibi)

½ bardak tavuk kemik suyu (bkz.<u>Yemek tarifi</u>) veya tuz eklenmemiş tavuk suyu

¼ bardak taze ananas suyu

3 yemek kaşığı yağ ilavesiz tuzsuz kaju yağı

1 su bardağı taze doğranmış ananas, doğranmış

Kireç takozlar

Taze kişniş, nane ve/veya Tay fesleğen
Kıyılmış kavrulmuş kaju fıstığı

1. Fırını 400°F'ye önceden ısıtın. Mikrodalgada spagetti kabakını yüksek ısıda 3 dakika pişirin. Balkabağını uzunlamasına dikkatlice ikiye bölün ve çekirdeklerini kazıyın. Kabağın kesilmiş kenarlarına 1 yemek kaşığı hindistancevizi yağı sürün. Balkabağı yarımlarını, kenarları aşağı bakacak şekilde bir fırın tepsisine yerleştirin. 40 ila 50 dakika kadar veya kabak bir bıçakla kolayca delinebilecek hale gelinceye kadar pişirin. Çatalın uçlarını kullanarak eti kabuklarından sıyırın ve servise hazır olana kadar sıcak tutun.

2. Orta boy bir kapta domuz eti, yeşil soğan, limon suyu, zencefil, sarımsak, limon otu ve köri tozunu birleştirin. iyice karıştırın. Ekstra büyük bir tavada, kalan 1 yemek kaşığı hindistancevizi yağını orta-yüksek ateşte ısıtın. Domuz eti karışımını ekleyin; Eti parçalamak için tahta kaşıkla karıştırarak pembeleşmeyene kadar pişirin. Dolmalık biberi, soğanı ve havucu ekleyin; yaklaşık 3 dakika veya sebzeler gevrekleşinceye kadar pişirin ve karıştırın. Çin lahanasını, mantarları, biberleri, hindistancevizi sütünü, tavuk kemiği suyunu, ananas suyunu ve kaju yağını karıştırın. Kaynatın; Isıyı azaltın. Ananas ekleyin; Tamamen ısıtılıncaya kadar kapağı açık olarak pişirin.

3. Servis yapmak için spagetti kabağını dört servis kasesine bölün. Körili domuz etini kabakların üzerine koyun. Misket limonu dilimleri, otlar ve kaju fıstığı ile servis yapın.

BAHARATLI IZGARA DOMUZ KÖFTESI, BAHARATLI SALATALIK SALATASI ILE

HAZIRLIK:30 dakika Izgara: 10 dakika Stand: 10 dakika Yapım: 4 porsiyon

ÇITIR SALATALIK SALATASITAZE NANE ILE TATLANDIRILMIŞ, BAHARATLI DOMUZ BURGERLERINE SERINLETICI VE CANLANDIRICI BIR KATKIDIR.

- ⅓ su bardağı zeytinyağı
- ¼ bardak doğranmış taze nane
- 3 yemek kaşığı beyaz şarap sirkesi
- 8 diş sarımsak, kıyılmış
- ¼ çay kaşığı karabiber
- 2 orta boy salatalık, çok ince dilimlenmiş
- 1 küçük soğan, ince şeritler halinde kesilmiş (yaklaşık ½ bardak)
- 1¼ ila 1½ pound kıyma domuz eti
- ¼ bardak doğranmış taze kişniş
- 1 ila 2 orta boy taze jalapeño veya serrano biberi (istenirse) çekirdekleri çıkarılmış ve ince doğranmış (bkz.Uç)
- 2 orta boy kırmızı biber, çekirdekleri çıkarılmış ve dörde bölünmüş
- 2 çay kaşığı zeytinyağı

1. Büyük bir kapta ⅓ bardak zeytinyağı, nane, sirke, kıyılmış 2 diş sarımsak ve karabiberi birlikte çırpın. Dilimlenmiş salatalık ve soğanı ekleyin. Her şey iyice kaplanıncaya kadar fırlatın. Servis yapmaya hazır oluncaya kadar örtün ve soğutun, bir veya iki kez karıştırın.

2. Büyük bir kapta domuz eti, kişniş, kırmızı biber ve kalan 6 diş kıyılmış sarımsağı birleştirin. Dört ¾ inç kalınlığında köfteler halinde şekillendirin. Biber çeyreklerini 2 çay kaşığı zeytinyağıyla hafifçe fırçalayın.

3. Kömürlü veya gazlı ızgara için köfteleri ve biberleri doğrudan orta ateşte yerleştirin. Domuz köftelerinin yanlarına yerleştirilen anında okunan bir termometre 160°F'yi kaydedene ve biber çeyrekleri yumuşak ve hafif kömürleşene kadar örtün ve ızgara yapın. Köfteler için 10 ila 12 dakika, biber dilimleri için ise 8 ila 10 dakika bekleyin.

4. Biber dilimleri hazır olduğunda, onları tamamen kaplayacak şekilde bir parça folyoya sarın. Yaklaşık 10 dakika veya elle tutulabilecek kadar soğuyana kadar bekletin. Biberlerin kabuklarını keskin bir bıçakla dikkatlice soyun. Biberleri uzunlamasına ince dilimler halinde kesin.

5. Servis yapmak için salatalık salatasını karıştırın ve dört büyük servis tabağına eşit şekilde yerleştirin. Her tabağa bir domuz köftesi ekleyin. Biber dilimlerini köftelerin üzerine eşit şekilde dizin.

GÜNEŞTE KURUTULMUŞ DOMATES PESTO, BIBER VE İTALYAN SOSISI ILE KABAK KABUKLU PIZZA

HAZIRLIK:30 dakika pişirin: 15 dakika pişirin: yapar: 4 porsiyon

BU BIÇAK VE ÇATAL PIZZASI.SOSISLERI VE BIBERLERI PESTO KAPLI KABUĞUN IÇINE HAFIFÇE BASTIRDIĞINIZDAN EMIN OLUN, BÖYLECE PIZZANIN DÜZGÜN BIR ŞEKILDE DILIMLENMESINE YETECEK KADAR MALZEME YAPIŞIR.

2 yemek kaşığı zeytinyağı

1 yemek kaşığı ince öğütülmüş badem

1 büyük yumurta, hafifçe dövülmüş

½ su bardağı badem unu

1 yemek kaşığı doğranmış taze kekik

¼ çay kaşığı karabiber

3 diş sarımsak, kıyılmış

3½ su bardağı rendelenmiş kabak (2 orta boy)

İtalyan sosisi (bkz.<u>Yemek tarifi</u>, altında)

1 yemek kaşığı sızma zeytinyağı

1 biber (sarı, kırmızı veya her birinin yarısı), çekirdekleri çıkarılmış ve çok ince şeritler halinde kesilmiş

1 küçük soğan, ince dilimlenmiş

Güneşte kurutulmuş domates pesto (bkz.<u>Yemek tarifi</u>, altında)

1. Fırını 425°F'ye önceden ısıtın. 12 inçlik pizza tavasını 2 yemek kaşığı zeytinyağıyla fırçalayın. Öğütülmüş badem serpin. kenara koymak.

2. Kabuğu hazırlamak için büyük bir kapta yumurta, badem unu, kekik, karabiber ve sarımsağı birleştirin.

Rendelenmiş kabakları temiz bir havluya veya tülbent parçasına koyun. Sıkıca sarın

FÜME LIMON VE KIŞNIŞLI KUZU BUDU, IZGARA KUŞKONMAZ ILE

ISLATMA:30 dakika Hazırlama: 20 dakika Izgara: 45 dakika
Bekleme: 10 dakika Yapım: 6 ila 8 porsiyon

BU YEMEK BASIT AMA ZARIFİLKBAHARDA KENDINE GELEN IKI MALZEME; KUZU ETI VE KUŞKONMAZ. KIŞNIŞ TOHUMLARININ KAVRULMASI SICAK, DÜNYEVI VE HAFIF BAHARATLI TADI ARTIRIR.

1 bardak ceviz ağacı talaşı

2 yemek kaşığı kişniş tohumu

2 yemek kaşığı ince kıyılmış limon kabuğu

1½ çay kaşığı karabiber

2 yemek kaşığı doğranmış taze kekik

1 2 ila 3 kiloluk kemiksiz kuzu budu

2 demet taze kuşkonmaz

1 yemek kaşığı zeytinyağı

¼ çay kaşığı karabiber

1 limon, dörde bölünmüş

1. Sigara içmeden en az 30 dakika önce, ceviz parçacıklarını bir kasede üstlerini kaplayacak kadar suyla ıslatın. kenara koymak. Küçük bir tavada kişniş tohumlarını orta-yüksek ateşte yaklaşık 2 dakika veya sık sık karıştırarak kokusu çıkana ve çatırdayana kadar kızartın. Tohumları tavadan çıkarın. soğumaya bırakın. Tohumlar soğuduğunda, havanda ve havanda kabaca ezin (veya tohumları bir kesme tahtası üzerine yerleştirin ve tahta kaşığın arkasıyla ezin). Küçük bir kapta ezilmiş kişniş tohumlarını, limon kabuğu rendesini, 1½ çay kaşığı biberi ve kekiği birleştirin. kenara koymak.

2. Varsa, kuzu kızartmanın filesini çıkarın. Çalışma yüzeyinde, rostoyu yağlı tarafı aşağı bakacak şekilde açın. Baharat karışımının yarısını etin üzerine serpin. parmaklarınızla ovalayın. Kızartmayı yuvarlayın ve dört ila altı adet %100 pamuklu mutfak ipiyle bağlayın. Kalan baharat karışımını kızartmanın dış kısmına serpin ve yapışması için hafifçe bastırın.

3. Kömürlü ızgara için orta-sıcak kömürleri bir damlama kabının etrafına yerleştirin. Tavayı orta ateşte kontrol edin. Süzülen talaşları kömürlerin üzerine dağıtın. Kuzu kızartmasını damlama kabının üzerindeki ızgara rafına yerleştirin. Örtün ve orta ateşte 40 ila 50 dakika boyunca dumanlayın. (Gazlı ızgara için, ızgarayı önceden ısıtın. Isıyı orta seviyeye düşürün. Dolaylı pişirme için ayarlayın. Yukarıdaki gibi dumanlayın, ancak üreticinin talimatlarına göre süzülmüş odun parçalarını ekleyin.) Kızartmayı folyo ile gevşek bir şekilde örtün. Kesmeden önce 10 dakika bekletin.

4. Bu arada kuşkonmazın odunsu kısımlarını kesin. Büyük bir kapta kuşkonmazı zeytinyağı ve ¼ çay kaşığı biberle karıştırın. Kuşkonmazı ızgaranın dış kenarlarına, doğrudan kömürlerin üzerine ve ızgara ızgarasına dik olacak şekilde yerleştirin. Örtün ve gevrekleşene kadar 5 ila 6 dakika ızgara yapın. Kuşkonmazın üzerine limon dilimlerini sıkın.

5. Kızarmış kuzunun ipini çıkarın ve eti ince dilimler halinde kesin. Eti ızgara kuşkonmazla birlikte servis edin.

KUZU GÜVEÇ

BU DOYURUCU GÜVEÇLE IÇINIZ ISINSINBIR SONBAHAR YA DA KIŞ GECESINDE. GÜVEÇ, DIJON TARZI HARDAL, KAJU KREMASI VE FRENK SOĞANI ILE TATLANDIRILMIŞ KADIFEMSI KEREVIZ VE YABAN HAVUCU PÜRESI ÜZERINDE SERVIS EDILIR. NOT: KEREVIZ KÖKÜNE BAZEN KEREVIZ DENIR.

10 adet karabiber

6 adaçayı yaprağı

3 bütün yenibahar

2 2 inçlik portakal kabuğu şeritleri

2 kilo kemiksiz kuzu omuz

3 yemek kaşığı zeytinyağı

2 orta boy soğan, iri doğranmış

1 14,5 onsluk tuz eklenmemiş domates, süzülmemiş

1½ bardak sığır eti kemik suyu (bkz.<u>Yemek tarifi</u>) veya tuz eklenmemiş et suyu

¾ bardak sek beyaz şarap

3 büyük diş sarımsak, kıyılmış ve soyulmuş

2 pound kereviz kökü, soyulmuş ve 1 inçlik küpler halinde kesilmiş

6 orta boy yaban havucu, soyulmuş ve 1 inçlik dilimler halinde kesilmiş (yaklaşık 2 pound)

2 yemek kaşığı zeytinyağı

2 yemek kaşığı kaju kreması (bkz.<u>Yemek tarifi</u>)

1 yemek kaşığı Dijon usulü hardal (bkz.<u>Yemek tarifi</u>)

¼ bardak frenk soğanı

1. Buket garnisi için 7 inçlik bir tülbent karesi kesin. Tülbentin ortasına karabiber, adaçayı, yenibahar ve portakal kabuğunu yerleştirin. Tülbentin köşelerini yukarı kaldırın ve temiz, %100 pamuklu mutfak ipiyle bağlayın. Kenara koymak.

2. Kuzu omuzundaki yağı kesin; Kuzu 1 inçlik parçalar halinde kesin. Hollandalı bir fırında, 3 yemek kaşığı zeytinyağını orta-yüksek ateşte ısıtın. Gerekirse kuzu etini sıcak yağda kızarıncaya kadar gruplar halinde pişirin; Tavadan alıp sıcak tutun. Tavaya soğan ekleyin; 5 ila 8 dakika veya yumuşayana ve hafifçe kızarana kadar pişirin. Buket garni, süzülmemiş domates, 1¼ su bardağı dana kemik suyu, şarap ve sarımsak ekleyin. Kaynatın; Isıyı azaltın. Ara sıra karıştırarak, kapağı kapalı olarak 2 saat pişirin. Buket garniyi çıkarın ve atın.

3. Bu arada püre yapmak için kereviz kökünü ve yaban havuçlarını büyük bir tencereye koyun; Suyla örtün. Orta-yüksek ateşte kaynatın; Isıyı düşük seviyeye düşürün. Kapağını kapatın ve 30 ila 40 dakika kadar veya sebzeler çatalla delindiğinde iyice yumuşayana kadar hafifçe pişirin. boşaltma; Sebzeleri bir mutfak robotuna yerleştirin. Kalan ¼ bardak dana kemik suyunu ve 2 yemek kaşığı yağı ekleyin; Püre neredeyse pürüzsüz hale gelinceye kadar ama yine de bir miktar dokuya sahip olana kadar nabız atın. Yanları kazımak için bir veya iki kez durun. Yulaf lapasını bir kaseye koyun. Kaju kremasını, hardalı ve frenk soğanını karıştırın.

4. Servis yapmak için yulaf lapasını dört kaseye bölün. Üstüne Kuzu Güveç ekleyin.

KEREVIZ KÖKÜ ERIŞTESI ILE KUZU GÜVEÇ

KEREVIZ KÖKÜ TAMAMEN FARKLI BIR YAKLAŞIM BENIMSIYORKUZU GÜVEÇTEN ZIYADE BU GÜVEÇTE OLUŞTURUN (BKZ.YEMEK TARIFI). BIR MANDOLIN DILIMLEYICI KULLANILARAK, TATLI VE CEVIZ TADINDAKI KÖKÜN ÇOK INCE ŞERITLERI OLUŞTURULUR. "ERIŞTELER" YUMUŞAYANA KADAR GÜVEÇTE KAYNATILIR.

2 çay kaşığı limon otu baharatı (bkz.Yemek tarifi)

1½ pound kuzu güveç eti, 1 inç küpler halinde kesilmiş

2 yemek kaşığı zeytinyağı

2 su bardağı doğranmış soğan

1 su bardağı doğranmış havuç

1 su bardağı doğranmış pancar

1 yemek kaşığı kıyılmış sarımsak (6 diş)

2 yemek kaşığı tuzsuz domates salçası

½ fincan sek kırmızı şarap

4 su bardağı dana kemik suyu (bkz.Yemek tarifi) veya tuz eklenmemiş et suyu

1 defne yaprağı

2 bardak 1 inç küp şeklinde balkabağı

1 su bardağı doğranmış patlıcan

1 pound kereviz kökü, soyulmuş

Kıyılmış taze maydanoz

1. Fırını 250°F'ye önceden ısıtın. Limon otu baharatını kuzunun üzerine eşit şekilde serpin. Kaplamak için yavaşça karıştırın. Orta-yüksek ateşte 6 ila 8 litrelik bir fırını ısıtın. Hollandalı fırına 1 yemek kaşığı zeytinyağı ve

terbiyeli kuzu etinin yarısını ekleyin. Etin her tarafı kızgın yağda kızartılır; Kızartılmış eti bir tabağa aktarın ve kalan kuzu eti ve zeytinyağıyla aynı işlemi tekrarlayın. Isıyı orta seviyeye düşürün.

2. Tencereye soğan, havuç ve pancarı ekleyin. Sebzeleri 4 dakika pişirin ve karıştırın; sarımsak ve domates salçasını ekleyip 1 dakika daha pişirin. Tencereye kırmızı şarap, dana kemik suyu, defne yaprağı, ayrılmış et ve birikmiş meyve sularını ekleyin. Karışımı kaynatın. Hollandalı fırını kapatın ve önceden ısıtılmış fırına yerleştirin. 1 saat pişirin. Balkabağını ve patlıcanı karıştırın. Fırına dönün ve 30 dakika daha pişirin.

3. Güveç fırındayken kereviz kökünü mandolin kullanarak çok ince dilimleyin. Kereviz kökü dilimlerini ½ inç genişliğinde şeritler halinde kesin. (Yaklaşık 4 bardak almalısınız.) Kereviz kökü şeritlerini güveçte karıştırın. Yaklaşık 10 dakika veya yumuşayana kadar pişirin. Güveci servis etmeden önce defne yaprağını çıkarın ve atın. Her porsiyona doğranmış maydanoz serpin.

NARLI HURMA TURŞUSU ILE FRANSIZ KUZU PIRZOLASI

HAZIRLIK:10 dakika pişirin: 18 dakika Soğutun: 10 dakika Yapın: 4 porsiyon

"FRANSIZ" TERIMI KABURGA KEMIĞINI IFADE EDERKESKIN BIR SEBZE BIÇAĞIYLA YAĞ, ET VE BAĞ DOKUSUNUN ÇIKARILDIĞI. ÇEKICI BIR SUNUM SAĞLAR. KASABINIZDAN BUNU YAPMASINI ISTEYIN VEYA KENDINIZ DE YAPABILIRSINIZ.

HINT TURŞUSU

½ su bardağı şekersiz nar suyu

1 yemek kaşığı taze limon suyu

1 arpacık soğanı, soyulmuş ve ince halkalar halinde kesilmiş

1 çay kaşığı ince kıyılmış portakal kabuğu

⅓ bardak doğranmış Medjool hurması

¼ çay kaşığı ezilmiş kırmızı biber

¼ bardak nar taneleri *

1 yemek kaşığı zeytinyağı

1 yemek kaşığı doğranmış taze İtalyan maydanozu

KUZU PIRZOLA

2 yemek kaşığı zeytinyağı

8 Fransız kuzu kaburga pirzolası

1. Hint turşusunu hazırlamak için nar suyu, limon suyu ve arpacık soğanını küçük bir tavada karıştırın. Kaynatın; Isıyı azaltın. 2 dakika kadar ağzı açık olarak pişirin. Portakal kabuğu rendesini, hurmaları ve ezilmiş kırmızı biberi ekleyin. Soğuyana kadar 10 dakika bekletin. Nar tanelerini, 1 yemek kaşığı zeytinyağını ve maydanozu

ekleyip karıştırın. Servis yapmaya hazır olana kadar oda sıcaklığında bir kenara koyun.

2. Pirzolalar için 2 yemek kaşığı zeytinyağını büyük bir tavada orta ateşte ısıtın. Gruplar halinde çalışarak pirzolaları tavaya ekleyin ve orta ateşte (145°F), 6 ila 8 dakika, bir kez çevirerek pişirin. Hint turşusu ile en iyi pirzola.

*Not: Taze nar ve taneleri veya tohumları ekim ayından şubat ayına kadar mevcuttur. Bunları bulamazsanız, Hint turşusunu çıtır hale getirmek için şekersiz kurutulmuş tohumlar kullanın.

SOTELENMIŞ RADICCHIO LAHANA SALATASI ILE CHIMICHURRI KUZU PIRZOLA

HAZIRLIK:30 dakika marine edin: 20 dakika pişirin: 20 dakika pişirin: 4 kişilik

ARJANTIN'DE CHIMICHURRI EN POPÜLER BAHARATTIRÜLKENIN ÜNLÜ GAUCHO TARZI IZGARA BIFTEĞI EŞLIĞINDE. PEK ÇOK ÇEŞIDI VARDIR, ANCAK KALIN BITKI SOSU GENELLIKLE MAYDANOZ, KIŞNIŞ VEYA KEKIK, ARPACIK SOĞANI VE/VEYA SARIMSAK, EZILMIŞ KIRMIZI BIBER, ZEYTINYAĞI VE KIRMIZI ŞARAP SIRKESINDEN OLUŞUR. IZGARA BIFTEKTE HARIKADIR, ANCAK AYNI ZAMANDA KAVRULMUŞ VEYA TAVADA KIZARTILMIŞ KUZU PIRZOLASI, TAVUK VE DOMUZ ETI ÜZERINDE DE HARIKADIR.

8 adet kuzu pirzola, 1 inç kalınlığında dilimlenmiş

½ fincan chimichurri sosu (bkz.<u>Yemek tarifi</u>)

2 yemek kaşığı zeytinyağı

1 tatlı soğan, yarıya bölünmüş ve dilimlenmiş

1 çay kaşığı kimyon, ezilmiş *

1 diş sarımsak, kıyılmış

1 baş radikchio, çekirdekleri çıkarılmış ve ince şeritler halinde kesilmiş

1 yemek kaşığı balzamik sirke

1. Kuzu pirzolalarını ekstra geniş bir kaseye yerleştirin. 2 yemek kaşığı chimichurri sosunu gezdirin. Sosu her pirzolanın tüm yüzeyine sürmek için parmaklarınızı kullanın. Pirzolaları oda sıcaklığında 20 dakika marine etmeye bırakın.

2. Bu arada sotelenmiş radicchio salatası için 1 yemek kaşığı
zeytinyağını ekstra geniş bir tavada ısıtın. Soğan, kimyon
ve sarımsağı ekleyin; Sık sık karıştırarak 6 ila 7 dakika
veya soğan yumuşayana kadar pişirin. Radikçio ekleyin; 1
ila 2 dakika veya turp hafifçe soluncaya kadar pişirin.
Lahana salatasını geniş bir kaseye yerleştirin. Balzamik
sirke ekleyin ve birleştirmek için iyice atın. Örtün ve sıcak
tutun.

3. Tavayı silin. Kalan 1 yemek kaşığı zeytinyağını tavaya
ekleyin ve orta-yüksek ateşte ısıtın. Kuzu pirzolasını
ekleyin; Isıyı orta seviyeye düşürün. Pirzolaları ara sıra
maşayla çevirerek 9 ila 11 dakika veya istenen pişene
kadar pişirin.

4. Pirzolaları lahana salatası ve kalan chimichurri sos ile servis
edin.

*Not: Kimyonu ezmek için havan ve havan tokmağı kullanın
veya tohumları bir kesme tahtası üzerine koyun ve şef
bıçağıyla ezin.

HAVUÇLU-TATLI PATATESLI REMOULADE ILE HAMSI-ADAÇAYI-OVUŞTURULMUŞ KUZU PIRZOLASI

HAZIRLIK:12 dakika soğuk: 1 ila 2 saat ızgara: 6 dakika yapım: 4 porsiyon

ÜÇ ÇEŞIT KUZU PIRZOLASI VARDIR.KALIN VE ETLI FILETO PIRZOLALAR, KÜÇÜK T KEMIKLI BIFTEKLERE BENZIYOR. BURADA GEREKLI OLAN KABURGA PIRZOLASI, BIR KUZU RAFININ KEMIKLERI ARASINDAN KESILEREK YAPILIR. ÇOK HASSASTIRLAR VE YANLARINDA UZUN, ÇEKICI BIR KEMIK VARDIR. GENELLIKLE TAVADA KIZARTILMIŞ VEYA IZGARADA SERVIS EDILIRLER. BÜTÇE DOSTU OMUZ PIRZOLASI DIĞER IKI TÜRE GÖRE BIRAZ DAHA YAĞLI VE DAHA AZ YUMUŞAKTIR. EN IYI ŞEKILDE KIZARTILIR VE DAHA SONRA ŞARAP, ET SUYU VE DOMATESLE VEYA BUNLARIN BIR KOMBINASYONUYLA KIZARTILIR.

3 orta boy havuç, kabaca doğranmış

2 küçük tatlı patates, jülyen doğranmış* veya kabaca doğranmış

½ bardak Paleo Mayo (bkz.<u>Yemek tarifi</u>)

2 yemek kaşığı taze limon suyu

2 çay kaşığı Dijon usulü hardal (bkz.<u>Yemek tarifi</u>)

2 yemek kaşığı kıyılmış taze maydanoz

½ çay kaşığı karabiber

8 adet kuzu kaburga pirzolası, ½ ila ¾ inç kalınlığında dilimlenmiş

2 yemek kaşığı dilimlenmiş taze adaçayı veya 2 çay kaşığı kurutulmuş adaçayı, ezilmiş

2 çay kaşığı öğütülmüş ancho şili biberi

½ çay kaşığı sarımsak tozu

1. Tartar sosunu hazırlamak için havuçları ve tatlı patatesleri orta boy bir kapta birleştirin. Küçük bir kapta paleo mayonezi, limon suyunu, Dijon usulü hardalı, maydanozu ve karabiberi karıştırın. Havuç ve tatlı patateslerin üzerine dökün; ceketine fırlat. Örtün ve 1 ila 2 saat soğutun.

2. Küçük bir kapta adaçayı, ancho şili ve sarımsak tozunu birleştirin. Kuzu pirzolalarını baharat karışımıyla ovalayın.

3. Kömürlü veya gazlı ızgara için kuzu pirzolalarını orta ateşte doğrudan ızgara rafına yerleştirin. Kapağını kapatıp 6 ila 8 dakika orta pişmiş sıcaklıkta (145°F) veya 10 ila 12 dakika orta pişmiş sıcaklıkta (150°F) ızgara yapın. Izgara işleminin yarısında bir kez çevirin.

4. Kuzu pirzolalarını tartar sosla birlikte servis edin.

*Not: Tatlı patatesleri dilimlemek için jülyen aparatlı bir mandolin kullanın.

ARPACIK SOĞANI, NANE VE KEKIK SOSLU KUZU PIRZOLA

HAZIRLIK:20 dakika marine etme: 1 ila 24 saat Kızartma: 40 dakika Izgara: 12 dakika Yapım: 4 porsiyon

ÇOĞU MARINE EDILMIŞ ETTE OLDUĞU GIBIPIŞIRMEDEN ÖNCE KUZU PIRZOLANIN ÜZERINE NE KADAR UZUN SÜRE OT SÜRERSENIZ O KADAR LEZZETLI OLUR. BU KURALIN BIR ISTISNASI VARDIR; O DA NARENCIYE SUYU, SIRKE VE ŞARAP GIBI YÜKSEK ORANDA ASITLI BILEŞENLER IÇEREN BIR MARINAT KULLANMANIZDIR. ETI ÇOK UZUN SÜRE ASITLI MARINATTA BIRAKIRSANIZ PARÇALANMAYA VE PELTELEŞMEYE BAŞLAR.

KUZU

    2 yemek kaşığı ince doğranmış arpacık soğanı

    2 yemek kaşığı ince kıyılmış taze nane

    2 yemek kaşığı ince kıyılmış taze kekik

    5 çay kaşığı Akdeniz baharatları (bkz.Yemek tarifi)

    4 çay kaşığı zeytinyağı

    2 diş sarımsak, kıyılmış

    8 adet kuzu kaburga pirzolası, yaklaşık 1 cm kalınlığında kesilmiş

SALATA

    ¾ kiloluk bebek pancarı, kesilmiş

    1 yemek kaşığı zeytinyağı

    ¼ bardak taze limon suyu

    ¼ bardak zeytinyağı

    1 yemek kaşığı ince doğranmış arpacık soğanı

    1 çay kaşığı Dijon tarzı hardal (bkz.Yemek tarifi)

    6 su bardağı karışık yeşillik

    4 çay kaşığı kıyılmış frenk soğanı

1. Kuzu eti için küçük bir kapta 2 yemek kaşığı arpacık soğanı, nane, kekik, 4 çay kaşığı Akdeniz baharatı ve 4 çay kaşığı zeytinyağını birleştirin. Kuzu pirzolalarının her tarafına sürün; parmaklarınızla ovalayın. Köfteleri bir tabağa yerleştirin. Plastik ambalajla örtün ve en az 1 saat veya 24 saate kadar marine etmek için buzdolabında saklayın.

2. Salata için fırını 400°F'ye önceden ısıtın. Pancarları iyice fırçalayın; takozlar halinde kesin. 2 litrelik bir pişirme kabına dökün. 1 yemek kaşığı zeytinyağı ile gezdirin. Kaseyi folyo ile örtün. Yaklaşık 40 dakika veya pancarlar yumuşayana kadar kızartın. Tamamen soğumaya bırakın. (Pancar 2 gün öncesine kadar kavrulabilir.)

3. Vidalı kapaklı bir kavanozda limon suyunu, ¼ bardak zeytinyağını, 1 yemek kaşığı arpacık soğanını, Dijon usulü hardalı ve kalan 1 çay kaşığı Akdeniz baharatını birleştirin. Örtün ve iyice çalkalayın. Bir salata kasesinde pancar ve sebzeleri birleştirin; Biraz salata sosuyla karıştırın.

4. Kömürlü veya gazlı ızgara kullanıyorsanız, pirzolaları orta ateşte doğrudan yağlanmış ızgara ızgarasının üzerine yerleştirin. Kapağı kapatın ve istediğiniz donanıma kadar ızgarada pişirin. Izgara işleminin yarısında bir kez çevirin. Orta pişmiş (145°F) için 12 ila 14 dakika veya orta pişmiş (160°F) için 15 ila 17 dakika bekleyin.

5. Servis yapmak için dört servis tabağına 2 adet kuzu pirzola ve biraz salata koyun. Frenk soğanı serpin. Kalan salata sosunu süzün.

BAHÇEDE KIRMIZI BIBER SOSLU KUZU BURGER DOLMASI

HAZIRLIK:20 dakika bekleme: 15 dakika ızgara: 27 dakika yapım: 4 porsiyon

COULIS BASIT, PÜRÜZSÜZ BIR SOSTAN BAŞKA BIR ŞEY DEĞILDIRPÜRE HALINE GETIRILMIŞ MEYVE VEYA SEBZELERDEN YAPILIR. BU KUZU BURGERLERIN PARLAK VE GÜZEL BIBER SOSU, IZGARADAN VE BIR MIKTAR FÜME KIRMIZI BIBERDEN ÇIFT DOZ DUMAN ALIYOR.

KIRMIZI BIBER PÜRESI

1 büyük kırmızı biber

1 yemek kaşığı sek beyaz şarap veya beyaz şarap sirkesi

1 çay kaşığı zeytinyağı

½ çay kaşığı füme kırmızı biber

VATANDAŞLAR

¼ bardak doğranmış kükürtsüz güneşte kurutulmuş domates

¼ bardak rendelenmiş kabak

1 yemek kaşığı doğranmış taze fesleğen

2 çay kaşığı zeytinyağı

½ çay kaşığı karabiber

1½ pound öğütülmüş kuzu

1 yumurta beyazı, hafifçe çırpılmış

1 yemek kaşığı Akdeniz baharatları (bkz.Yemek tarifi)

1. Kırmızı biber sosu için kırmızı biberi orta ateşte doğrudan ızgara ızgarasının üzerine koyun. Kapağı kapatın ve 15 ila 20 dakika veya kömürleşene ve çok hassas olana kadar ızgara yapın. Her iki tarafı da kömürleştirmek için biberi her 5 dakikada bir çevirin. Izgaradan çıkarın ve biberi

tamamen kaplayacak şekilde hemen bir kağıt torbaya
veya folyoya koyun. 15 dakika veya yeterince soğuyana
kadar bekletin. Keskin bir bıçakla kabuklarını dikkatlice
soyun ve atın. Biberleri uzunlamasına dörde bölün ve
saplarını, tohumlarını ve zarlarını çıkarın. Bir mutfak
robotunda közlenmiş biberi, şarabı, zeytinyağını ve füme
kırmızı biberi birleştirin. Örtün ve pürüzsüz olana kadar
işleyin veya karıştırın.

2. İç harcı hazırlamak için kurutulmuş domatesleri küçük bir
kaseye koyun ve üzerini kaynar suyla doldurun. 5 dakika
bekletin; salmak. Domatesleri ve rendelenmiş kabakları
kağıt havluyla kurulayın. Küçük kasede domates, kabak,
fesleğen, zeytinyağı ve ¼ çay kaşığı karabiberi karıştırın.
kenara koymak.

3. Büyük bir kapta kuzu kıymayı, yumurta aklarını, kalan ¼
çay kaşığı karabiberi ve Akdeniz baharatlarını birleştirin.
iyice karıştırın. Et karışımını sekiz eşit parçaya bölün ve
her birini yarım santim kalınlığında köfte haline getirin.
Köftelerin dördünün üzerine kaşıkla doldurulur; Kalan
köfteleri üstüne koyun ve dolguyu kapatmak için
kenarları kıvırın.

4. Köfteleri orta ateşte doğrudan ızgara ızgarasının üzerine
yerleştirin. Kapağı kapatın ve 12 ila 14 dakika veya pişene
kadar (160°F) ızgara yapın. Izgara işleminin yarısına
gelindiğinde bir kez çevirin.

5. Servis etmek için burgerlerin üzerine biber sosunu ekleyin.

TZATZIKI SOSLU DUBLE KEKIKLI KUZU KEBAP

ISLATMA:30 dakika Hazırlama: 20 dakika Soğutma: 30 dakika
Izgara: 8 dakika Yapılışı: 4 porsiyon

BU KUZU KEBAPLARI ASLINDAAKDENIZ'DE VE ORTA DOĞU'DA
KÖFTE OLARAK BILINEN, TERBIYELI KIYMA (GENELLIKLE KUZU
VEYA DANA ETI), TOPLAR HALINDE VEYA ŞIŞ ETRAFINDA
ŞEKILLENDIRILIP IZGARADA PIŞIRILIR. TAZE VE KURUTULMUŞ
KEKIK ONLARA HARIKA BIR YUNAN TADI VERIR.

8 adet 10 inçlik tahta şiş

KUZU KEBAP

1½ pound yağsız kuzu

1 küçük soğan, doğranmış ve preslenmiş kuru

1 yemek kaşığı doğranmış taze kekik

2 çay kaşığı kurutulmuş kekik, ezilmiş

1 çay kaşığı karabiber

CACIK SOSU

1 bardak Paleo Mayo (bkz.Yemek tarifi)

Yarım büyük salatalık, çekirdekleri çıkarılıp doğranmış ve
preslenerek kurutuldu

2 yemek kaşığı taze limon suyu

1 diş sarımsak, kıyılmış

1. Şişleri 30 dakika kadar yeterli suda bekletin.

2. Kuzu kebap yapmak için büyük bir kapta kıyma kuzu eti,
soğan, taze ve kurutulmuş kekik ve biberi birleştirin. iyice
karıştırın. Kuzu karışımını sekiz eşit parçaya bölün. Her
parçayı bir şişin yarısı etrafında şekillendirerek 5 × 1

inçlik bir kütük oluşturun. En az 30 dakika boyunca örtün ve soğutun.

3. Bu arada cacık sosu için küçük bir kapta paleo mayonez, salatalık, limon suyu ve sarımsağı birleştirin. Servise hazır duruma gelene kadar örtün ve soğutun.

4. Kömürlü veya gazlı ızgara için, kuzu kebaplarını orta ateşte doğrudan ızgara ızgarasının üzerine yerleştirin. Kapağı kapatın ve orta sıcaklıkta (160°F), yaklaşık 8 dakika ızgara yapın. Izgara işleminin yarısına gelindiğinde bir kez çevirin.

5. Kuzu kebaplarını cacık sosla servis edin.

SAFRAN VE LIMONLA KIZARTILMIŞ TAVUK

HAZIRLIK:15 dakika Soğuk: 8 saat Kızartma: 1 saat 15 dakika
Stand: 10 dakika Yapım: 4 porsiyon

SAFRAN KURUTULMUŞ STAMENLERDIRBIR TÜR ÇIĞDEM ÇIÇEĞI.
PAHALIDIR, ANCAK BIRAZ UZUN BIR YOL KAT EDER. BU ÇITIR
ÇITIR KIZARMIŞ TAVUĞA DÜNYEVI, KENDINE ÖZGÜ LEZZETINI
VE GÜZEL SARI RENGINI VERIR.

1 4 ila 5 kiloluk bütün tavuk

3 yemek kaşığı zeytinyağı

6 diş sarımsak, kıyılmış ve soyulmuş

1½ yemek kaşığı ince kıyılmış limon kabuğu

1 yemek kaşığı taze kekik

1½ çay kaşığı kırık karabiber

½ çay kaşığı safran ipi

2 adet defne yaprağı

1 limon, dörde bölünmüş

1. Tavuğun boynunu ve sakatatlarını çıkarın; atın veya başka
   bir kullanım için saklayın. Tavuk vücut boşluğunu
   durulayın; Kağıt havluyla hafifçe vurarak kurulayın.
   Tavuktaki fazla deriyi veya yağı kesin.

2. Bir mutfak robotunda zeytinyağı, sarımsak, limon kabuğu
   rendesi, kekik, biber ve safranı birleştirin. Pürüzsüz bir
   macun haline getirin.

3. Tavuğun dış yüzeyine ve iç boşluğuna parmaklarınızı
   kullanarak macun sürün. Tavuğu büyük bir kaseye
   aktarın; örtün ve en az 8 saat veya gece boyunca soğutun.

4. Fırını 425°F'ye önceden ısıtın. Limon dilimlerini ve defne yapraklarını tavuk boşluğuna yerleştirin. Bacakları %100 pamuklu mutfak ipiyle birbirine bağlayın. Kanatları tavuğun altına sıkıştırın. Kemiğe dokunmadan iç uyluk kasına fırına monte edilmiş bir et termometresi yerleştirin. Tavuğu büyük bir kızartma tavasındaki rafa yerleştirin.

5. 15 dakika kızartın. Fırın sıcaklığını 375°F'a düşürün. Yaklaşık 1 saat daha veya meyve suları berraklaşana ve termometre 175°F'yi kaydedene kadar kızartın. Folyo ile çadır tavuğu. Oymadan önce 10 dakika bekletin.

JICAMA LAHANA SALATASI ILE SPATCHCOCKED TAVUK

"SPATCHCOCK" ESKI BIR YEMEK PIŞIRME TERIMIDIRBU TERIM
YAKIN ZAMANDA, KÜÇÜK BIR KUŞUN (TAVUK VEYA CORNISH
TAVUĞU GIBI) SIRTINDAN YARILDIĞI VE DAHA SONRA DAHA
HIZLI VE DAHA EŞIT ŞEKILDE PIŞEBILMESI IÇIN BIR KITAP GIBI
AÇILIP DÜZLEŞTIRILDIĞI SÜRECI TANIMLAMAK IÇIN YENIDEN
KULLANILDI. KELEBEĞE BENZER, ANCAK YALNIZCA KÜMES
HAYVANLARINI IFADE EDER.

TAVUK
1 poblano biber
1 yemek kaşığı ince doğranmış arpacık soğanı
3 diş sarımsak, kıyılmış
1 çay kaşığı ince kıyılmış limon kabuğu
1 çay kaşığı ince kıyılmış limon kabuğu
1 çay kaşığı Dumanlı Baharat (bkz.<u>Yemek tarifi</u>)
½ çay kaşığı kurutulmuş kekik, ezilmiş
½ çay kaşığı öğütülmüş kimyon
1 yemek kaşığı zeytinyağı
1 3 ila 3½ pound bütün tavuk

LÂHANA SALATASI
½ orta boy jicama, soyulmuş ve jülyen şeritler halinde
kesilmiş (yaklaşık 3 bardak)
½ su bardağı ince dilimlenmiş yeşil soğan (4)
1 Granny Smith elması, soyulmuş, çekirdeği çıkarılmış ve
jülyen şeritler halinde kesilmiş
⅓ bardak doğranmış taze kişniş

3 yemek kaşığı taze portakal suyu

3 yemek kaşığı zeytinyağı

1 çay kaşığı limon otu baharatı (bkz.<u>Yemek tarifi</u>)

1. Kömürlü ızgara için orta-sıcak kömürleri ızgaranın bir tarafına yerleştirin. Izgaranın boş tarafının altına bir damlama tepsisi yerleştirin. Poblano'yu doğrudan orta büyüklükteki kömürlerin üzerine ızgara ızgarasına yerleştirin. Kapağı kapatın ve 15 dakika boyunca veya poblano'nun her tarafı kömürleşene kadar ara sıra çevirerek ızgara yapın. Poblano'yu hemen folyoya sarın; 10 dakika bekletin. Folyoyu açın ve poblano'yu uzunlamasına ikiye bölün; Sapları ve tohumları çıkarın (bkz.<u>Uç</u>). Keskin bir bıçak kullanarak derisini dikkatlice soyun ve atın. Poblano'yu ince ince doğrayın. (Gazlı ızgara için, ızgarayı önceden ısıtın; ısıyı orta dereceye düşürün. Dolaylı pişirmeye ayarlayın. Yukarıdaki gibi ocak üzerinde ızgara yapın.)

2. Ovalamayı yapmak için küçük bir kasede poblano, arpacık soğanı, sarımsak, limon kabuğu rendesi, limon kabuğu rendesi, dumanlı baharat, kekik ve kimyonu birleştirin. Yağı karıştırın; macun yapmak için iyice karıştırın.

3. Tavuğu fırlatmak için tavuğun boynunu ve sakatatlarını çıkarın (başka bir kullanım olmadığı sürece). Tavuğu göğüs tarafı aşağı bakacak şekilde bir kesme tahtası üzerine yerleştirin. Omurganın bir tarafını boynun ucundan uzunlamasına kesmek için mutfak makası kullanın. Boyuna kesimi omurganın karşı tarafına kadar tekrarlayın. Omurgayı çıkarın ve atın. Tavuk derisini ters çevirin. Tavuğun düz durması için göğüs kemiğini kırmak amacıyla göğüslerin arasına bastırın.

4. Göğsün bir tarafındaki boyundan başlayarak, uyluğa doğru
   çalışırken deriyi gevşetmek için parmaklarınızı deri ile et
   arasında kaydırın. Uyluk çevresindeki cildi serbest
   bırakın. Diğer tarafta tekrarlayın. Eti tavuğun derisinin
   altına sürmek için parmaklarınızı kullanın.

5. Tavuğu göğüs tarafı aşağı gelecek şekilde damlama kabının
   üzerindeki ızgara rafına yerleştirin. Folyoya veya büyük
   bir dökme demir tavaya sarılmış iki tuğla ile ağırlık.
   Kapağını kapatıp 30 dakika ızgara yapın. Tavuğu kemikli
   tarafı aşağıya bakacak şekilde rafa çevirin ve tuğla veya
   tavayla tekrar tartın. Yaklaşık 30 dakika daha uzun süre
   veya tavuk artık pembe olmayana kadar (uyluk kasında
   175°F) kapalı olarak ızgara yapın. Tavuğu ızgaradan
   çıkarın. 10 dakika bekletin. (Gazlı ızgara için tavuğu
   sıcaktan uzakta ızgara ızgarasının üzerine yerleştirin.
   Yukarıdaki gibi ızgara yapın.)

6. Bu arada lahana salatası yapmak için büyük bir kapta
   jicama, yeşil soğan, elma ve kişnişi birleştirin. Küçük bir
   kapta portakal suyunu, yağı ve limon otu baharatını
   birlikte çırpın. Jicama karışımını üzerine dökün ve
   kaplayın. Tavuğu lahana salatasıyla birlikte servis edin.

VOTKA, HAVUÇ VE DOMATES SOSLU KAVRULMUŞ TAVUK BUTLARI

HAZIRLIK:15 dakika pişirin: 15 dakika kızartın: 30 dakika pişirin: 4 kişilik

VOTKA BIRKAÇ ÇEŞITTEN YAPILABILIRPATATES, MISIR, ÇAVDAR, BUĞDAY VE ARPA, HATTA ÜZÜM GIBI ÇEŞITLI YIYECEKLER. HER NE KADAR BU SOSU DÖRT PORSIYONA BÖLERSENIZ ÇOK FAZLA VOTKA IÇERMESE DE PATATES VEYA ÜZÜMDEN YAPILAN VOTKANIN PALEO UYUMLU OLMASINA DIKKAT ETMELISINIZ.

- 3 yemek kaşığı zeytinyağı
- 4 adet kemikli tavuk but veya etli tavuk parçaları, derisi alınmış
- 1 28 onsluk tuz eklenmemiş erik domates, süzülmüş
- ½ su bardağı ince doğranmış soğan
- ½ su bardağı ince doğranmış havuç
- 3 diş sarımsak, kıyılmış
- 1 çay kaşığı Akdeniz baharatları (bkz.<u>Yemek tarifi</u>)
- ⅛ çay kaşığı acı biber
- 1 dal taze biberiye
- 2 yemek kaşığı votka
- 1 yemek kaşığı doğranmış taze fesleğen (isteğe bağlı)

1. Fırını 375°F'ye önceden ısıtın. Ekstra büyük bir tavada 2 yemek kaşığı yağı orta-yüksek ateşte ısıtın. Tavuk ekleyin; Eşit şekilde kızarana kadar, yaklaşık 12 dakika veya kahverengileşene kadar pişirin. Tavayı önceden ısıtılmış fırına yerleştirin. 20 dakika kadar ağzı açık olarak kızartın.

2. Bu arada sosu hazırlamak için mutfak makası kullanarak domatesleri kesin. Orta boy bir tencerede, kalan 1 yemek kaşığı yağı orta-yüksek ateşte ısıtın. Soğan, havuç ve sarımsak ekleyin; Sık sık karıştırarak 3 dakika veya yumuşayana kadar pişirin. Dilimlenmiş domatesleri, Akdeniz baharatlarını, kırmızı biberi ve biberiye dalını karıştırın. Orta-yüksek ateşte kaynatın; Isıyı azaltın. Ara sıra karıştırarak, 10 dakika boyunca kapağın altında pişirin. Votkayı karıştırın; 1 dakika daha pişirin; Biberiye dalını çıkarın ve atın.

3. Tavada tavuğun üzerine sosu kepçeyle dökün. Tavayı tekrar fırına verin. Yaklaşık 10 dakika daha uzun süre veya tavuk yumuşayana ve artık pembe (175°F) olmayana kadar üzerini örtün. İstenirse fesleğen serpin.

TAVUK RÔTI VE RUTABAGA KIZARTMASI

ÇITIR RUTABAGA KIZARTMASI ÇOK LEZZETLIKIZARMIŞ TAVUK VE BERABERINDEKI PIŞIRME SULARI ILE SERVIS EDILIR - ANCAK SIFIRDAN YAPILDIĞINDA VE PALEO KETÇAPLA SERVIS EDILDIĞINDE DE AYNI DERECEDE LEZZETLIDIRLER (BKZ.<u>YEMEK TARIFI</u>) VEYA BELÇIKA USULÜ PALEO AÏOLI (SARIMSAK MAYONEZ, BKZ.) ILE SERVIS EDILIR.<u>YEMEK TARIFI</u>).

- 6 yemek kaşığı zeytinyağı
- 1 yemek kaşığı Akdeniz baharatları (bkz.<u>Yemek tarifi</u>)
- 4 kemikli tavuk budu, derisi alınmış (toplamda yaklaşık 1 ¼ pound)
- 4 tavuk budu, derisi alınmış (toplamda yaklaşık 1 pound)
- 1 bardak kuru beyaz şarap
- 1 su bardağı tavuk kemik suyu (bkz.<u>Yemek tarifi</u>) veya tuz eklenmemiş tavuk suyu
- 1 küçük soğan, dörde bölünmüş
- zeytin yağı
- 1½ ila 2 pound rutabaga
- 2 yemek kaşığı doğranmış taze frenk soğanı
- Karabiber

1. Fırını 400°F'ye önceden ısıtın. Küçük bir kapta 1 yemek kaşığı zeytinyağını ve Akdeniz baharatlarını karıştırın. tavuk parçalarına sürün. Ekstra geniş bir tavada 2 yemek kaşığı yağı ısıtın. Etli kısımları aşağıya gelecek şekilde tavuk parçalarını ekleyin. Yaklaşık 5 dakika veya üzeri kızarana kadar kapağı açık pişirin. Tavayı ocaktan alın.

Tavuk parçalarını kızartılmış tarafları yukarı bakacak şekilde çevirin. Şarap, tavuk kemik suyu ve soğanı ekleyin.

2. Tavayı fırının orta rafına yerleştirin. 10 dakika kadar ağzı açık pişirin.

3. Kızartmak için geniş bir fırın tepsisini hafifçe zeytinyağıyla kaplayın. kenara koymak. Rutabagaları soyun. Keskin bir bıçak kullanarak rutabagaları ½ inçlik dilimler halinde kesin. Dilimleri uzunlamasına ½ inç şeritler halinde kesin. Büyük bir kapta rutabaga şeritlerini kalan 3 yemek kaşığı yağla karıştırın. Rutabaga şeritlerini hazırlanan fırın tepsisine tek kat halinde yayın. Fırının üst rafına yerleştirin. 15 dakika pişirin; Patates kızartmasını çevirin. Tavuğu 10 dakika daha veya artık pembeleşmeyene kadar pişirin. Tavuğu fırından çıkarın. Kızartmaları 5 ila 10 dakika veya kızarana ve yumuşayana kadar pişirin.

4. Sularını saklayarak tavuğu ve soğanı tavadan çıkarın. Sıcak tutmak için tavuk ve soğanı örtün. Meyve sularını orta ateşte kaynatın. Isıyı azaltın. Yaklaşık 5 dakika veya meyve suları biraz azalıncaya kadar kapağı açık olarak pişirin.

5. Servis yapmak için patatesleri frenk soğanı ile karıştırın ve biberle tatlandırın. Tavukları yemeklik meyve suları ve patates kızartmasıyla birlikte servis edin.

EZILMIŞ FRENK SOĞANI RUTABAGAS ILE ÜÇLÜ MANTAR COQ AU VIN

KASENIN IÇINDE BIRAZ KUM VARSAKURUTULMUŞ MANTARLARI ISLATTIKTAN SONRA - KI MUHTEMELEN BUNU YAPACAKSINIZ - SIVIYI INCE GÖZENEKLI BIR SÜZGEÇTE ÇIFT KALINLIKLI TÜLBENTTEN GEÇIREREK SÜZÜN.

- 1 ons kurutulmuş porcini mantarı veya kuzugöbeği kuzugöbeği
- 1 su bardağı kaynar su
- 2 ila 2½ pound tavuk butları ve bagetleri, derisi alınmış
- Karabiber
- 2 yemek kaşığı zeytinyağı
- 2 orta boy pırasa, uzunlamasına ikiye bölünmüş, durulanmış ve ince dilimlenmiş
- 2 portobello mantarı, dilimlenmiş
- 8 ons taze istiridye mantarı, sapları alınmış ve dilimlenmiş veya dilimlenmiş taze düğme mantarları
- ¼ bardak tuz ilavesiz domates salçası
- 1 çay kaşığı kurutulmuş mercanköşk, ezilmiş
- ½ çay kaşığı kurutulmuş kekik, doğranmış
- ½ fincan sek kırmızı şarap
- 6 su bardağı tavuk kemik suyu (bkz.Yemek tarifi) veya tuz eklenmemiş tavuk suyu
- 2 adet defne yaprağı
- 2 ila 2½ pound rutabagas, soyulmuş ve doğranmış
- 2 yemek kaşığı doğranmış taze frenk soğanı
- ½ çay kaşığı karabiber

Kıyılmış taze kekik (isteğe bağlı)

1. Küçük bir kapta porcini mantarlarını ve kaynar suyu birleştirin. 15 dakika bekletin. Mantarları çıkarın ve ıslatma sıvısını saklayın. Mantarları doğrayın. Mantarları ve ıslatma sıvısını bir kenara koyun.

2. Tavuğu biberle serpin. Sıkı kapanan kapağı olan ekstra büyük bir tavada, 1 çorba kaşığı zeytinyağını orta-yüksek ateşte ısıtın. Tavuk parçalarını iki parti halinde sıcak yağda hafifçe kızarana kadar yaklaşık 15 dakika pişirin. Bir kez döndürün. Tavuğu tavadan çıkarın. Pırasa, portobello mantarı ve istiridye mantarını karıştırın. 4 ila 5 dakika veya mantarlar kahverengileşene kadar ara sıra karıştırarak pişirin. Domates salçası, mercanköşk ve kekiği karıştırın; 1 dakika pişirin ve karıştırın. Şarabı karıştırın; 1 dakika pişirin ve karıştırın. 3 su bardağı tavuk kemiği suyu, defne yaprağı, 1/2 su bardağı ayrılmış mantar ıslatma sıvısı ve rehidre edilmiş doğranmış mantarları karıştırın. Tavuğu tavaya geri koyun. Kaynatın; Isıyı azaltın. Kapağını kapatıp yaklaşık 45 dakika veya tavuk yumuşayana kadar pişirin. Pişirme işleminin yarısına gelindiğinde tavuğu bir kez çevirin.

3. Büyük bir tencerede şalgamları ve kalan 3 bardak suyu birleştirin. Gerekirse rutabagaları kaplayacak kadar su ekleyin. Kaynatın; Isıyı azaltın. Ara sıra karıştırarak, kapağı açık olarak 25 ila 30 dakika veya rutabagalar yumuşayana kadar pişirin. Rutabagaları boşaltın ve sıvıyı rezerve edin. Rutabagaları tencereye geri koyun. Kalan 1 çorba kaşığı zeytinyağını, frenk soğanı ve ½ çay kaşığı biberi ekleyin. Bir patates ezici kullanarak rutabaga

karışımını ezin ve istenen kıvamı elde etmek için gerektiği kadar pişirme sıvısı ekleyin.

4. Tavuk karışımından defne yapraklarını çıkarın; atın. Tavuk ve sosu, rutabaga püresinin üzerine servis edin. İstenirse taze kekik serpin.

ŞEFTALI BRENDI SIRLI BAGET

HAZIRLIK:30 dakika ızgara: 40 dakika: 4 porsiyon

BU TAVUK BUTLARI MÜKEMMELÇITIR LAHANA SALATASI VE TUNUS'TAKI BAHARATLA OVULMUŞ DOMUZ OMZUNUN TARIFINE DAYANAN BAHARATLI, FIRINDA PIŞMIŞ TATLI PATATES KIZARTMASIYLA (BKZ.YEMEK TARIFI). BURADA TURP, MANGO VE NANE ILE ÇITIR LAHANA SALATASI ILE GÖSTERILIYORLAR (BKZ.YEMEK TARIFI).

ŞEFTALI BRENDI SIR

1 yemek kaşığı zeytinyağı

½ su bardağı doğranmış soğan

2 adet taze orta boy şeftali, ikiye bölünmüş, çekirdekleri çıkarılmış ve doğranmış

2 yemek kaşığı brendi

1 bardak barbekü sosu (bkz.Yemek tarifi)

İstenirse derisi yüzülmüş 8 tavuk budu (toplamda 2 ila 2½ pound)

1. Sır hazırlamak için zeytinyağını orta boy bir tencerede orta ateşte ısıtın. Soğan ekleyin; ara sıra karıştırarak yaklaşık 5 dakika veya yumuşayana kadar pişirin. Şeftali ekleyin. Kapağı kapatın ve 4 ila 6 dakika veya şeftaliler yumuşayana kadar ara sıra karıştırarak pişirin. Brendi ekleyin; Ara sıra karıştırarak 2 dakika boyunca ağzı açık pişirin. Hafifçe soğumaya bırakın. Şeftali karışımını bir blender veya mutfak robotuna yerleştirin. Örtün ve pürüzsüz hale gelinceye kadar karıştırın veya karıştırın. Barbekü sosunu ekleyin. Örtün ve pürüzsüz hale gelinceye kadar karıştırın veya karıştırın. Sosu tekrar tencereye

ekleyin. Orta ateşte iyice ısınana kadar pişirin. Tavuğu kaplamak için ¾ bardak sosu küçük bir kaseye dökün. Izgara tavukla servis etmek için kalan sosu sıcak tutun.

2. Kömürlü ızgara için, orta-sıcak kömürleri bir damlama kabının etrafına yerleştirin. Damlama tavası üzerinde orta ateşte kontrol edin. Tavuk bagetlerini damlama kabının üzerindeki ızgara rafına yerleştirin. Kapağı kapatın ve 40 ila 50 dakika boyunca veya tavuk artık pembe (175°F) oluncaya kadar ızgara yapın, ızgara işleminin yarısında bir kez çevirin ve son 5 ila 10 dakikalık ızgara için ¾ bardak şeftali brendi sosuyla fırçalayın. (Gazlı ızgara için, ızgarayı önceden ısıtın. Isıyı orta dereceye düşürün. Dolaylı pişirme için ısıyı ayarlayın. Tavuk butlarını ızgara ızgarasına yüksek ısıda olmayacak şekilde ekleyin. Kapağını kapatın ve belirtildiği gibi ızgara yapın.)

MANGO VE KAVUN SALATASI ILE ŞILI'DE MARINE EDILMIŞ TAVUK

HAZIRLIK:40 dakika soğuk / marine etme: 2 ila 4 saat ızgara: 50 dakika: 6 ila 8 porsiyon

ANCHO ŞILI KURUTULMUŞ BIR POBLANO'DUR- YOĞUN TAZE TADA SAHIP, PARLAK, KOYU YEŞIL BIBER. ANCHO CHILES, BIR MIKTAR ERIK VEYA KURU ÜZÜM VE SADECE BIR MIKTAR ACI ILE HAFIF MEYVELI BIR TADA SAHIPTIR. NEW MEXICO BIBERLERI ORTA DERECEDE SICAK OLABILIR. GÜNEYBATININ BAZI KISIMLARINDA RISTRALARDA (BIBERLERI KURUTMAK IÇIN RENKLI DÜZENLEMELER) ASILI OLAN KOYU KIRMIZI BIBERLERDIR.

TAVUK

    2 kurutulmuş New Mexico biberi

    2 adet kurutulmuş ancho chiles

    1 su bardağı kaynar su

    3 yemek kaşığı zeytinyağı

    1 büyük tatlı soğan, soyulmuş ve kalın dilimlenmiş

    4 adet Roma domatesi, çekirdekleri çıkarılmış

    1 yemek kaşığı kıyılmış sarımsak (6 diş)

    2 çay kaşığı öğütülmüş kimyon

    1 çay kaşığı kurutulmuş kekik, ezilmiş

    16 adet tavuk but

SALATA

    2 su bardağı doğranmış kavun

    2 su bardağı doğranmış tatlı su bardağı

    2 bardak doğranmış mango

¼ bardak taze limon suyu

1 çay kaşığı biber tozu

½ çay kaşığı öğütülmüş kimyon

¼ bardak doğranmış taze kişniş

1. Tavuk için, kurutulmuş New Mexico ve ancho chiles'in saplarını ve tohumlarını çıkarın. Büyük bir tavayı orta-yüksek ateşte ısıtın. Biberleri tavada 1 ila 2 dakika veya kokusu çıkana ve hafifçe kızarana kadar kızartın. Kavrulmuş biberleri küçük bir kaseye koyun; Kaynayan suyu tencereye ekleyin. En az 10 dakika veya kullanıma hazır oluncaya kadar bekletin.

2. Izgarayı önceden ısıtın. Bir fırın tepsisini folyo ile hizalayın; Folyo üzerine 1 yemek kaşığı zeytinyağı sürün. Tavaya soğan dilimlerini ve domatesleri ekleyin. Isıdan yaklaşık 4 inç uzakta 6 ila 8 dakika veya yumuşayana ve kömürleşene kadar kızartın. Biberleri boşaltın ve suyunu saklayın.

3. Marine etmek için bir blender veya mutfak robotunda biberleri, soğanları, domatesleri, sarımsağı, kimyonu ve kekiği birleştirin. Püre haline getirmek ve istenen kıvama ulaşmak için gerektiği kadar ayrılmış su ekleyerek, pürüzsüz hale gelinceye kadar örtün ve karıştırın veya işleyin.

4. Tavuğu, sığ bir tabağa, büyük, açılıp kapanabilir bir plastik torbaya koyun. Turşuyu torbadaki tavuğun üzerine dökün ve torbayı eşit şekilde kaplayacak şekilde döndürün. Torbayı ara sıra çevirerek buzdolabında 2 ila 4 saat marine edin.

5. Salatayı yapmak için ekstra geniş bir kapta kavun, tatlı özsu, mango, limon suyu, kalan 2 yemek kaşığı zeytinyağı, kırmızı toz biber, kimyon ve kişnişi birleştirin. Ceketini fırlat. Örtün ve 1 ila 4 saat soğutun.

6. Kömürlü ızgara için orta-sıcak kömürleri bir damlama kabının etrafına yerleştirin. Tavayı orta ateşte kontrol edin. Tavuğu boşaltın ve turşuyu ayırın. Tavuğu damlama kabının üzerindeki ızgara rafına yerleştirin. Tavuğu, ayrılmış turşunun bir kısmıyla cömertçe fırçalayın (fazladan turşuyu atın). Kapağını kapatıp 50 dakika veya tavuk artık pembe (175°F) rengi kalmayana kadar ızgara yapın. Izgara işleminin yarısına gelindiğinde bir kez çevirin. (Gazlı ızgara kullanıyorsanız, ızgarayı önceden ısıtın. Isıyı orta dereceye düşürün. Dolaylı pişirmeye ayarlayın. Belirtilen şekilde ilerleyin ve tavuğu brülöre kapalı olarak yerleştirin.) Tavuk butlarını salatayla birlikte servis edin.

SALATALIK RAITALI TANDIR USULÜ TAVUK BUTLARI

HAZIRLIK:20 dakika marine edin: 2 ila 24 saat kızartın: 25 dakika
Yapın: 4 porsiyon

RAITA KAJU ILE YAPILIRKREMA, LIMON SUYU, NANE, KIŞNIŞ VE
SALATALIK. SICAK VE BAHARATLI TAVUĞA SERINLETICI BIR
KARŞI NOKTA SAĞLAR.

TAVUK

1 soğanı ince dilimler halinde kesin

1 2 inç parça taze zencefil, soyulmuş ve dörde bölünmüş

4 diş sarımsak

3 yemek kaşığı zeytinyağı

2 yemek kaşığı taze limon suyu

1 çay kaşığı öğütülmüş kimyon

1 çay kaşığı öğütülmüş zerdeçal

½ çay kaşığı öğütülmüş yenibahar

½ çay kaşığı öğütülmüş tarçın

½ çay kaşığı karabiber

¼ çay kaşığı acı biber

8 adet tavuk baget

SALATALIK RAITA

1 bardak kaju kreması (bkz.Yemek tarifi)

1 yemek kaşığı taze limon suyu

1 yemek kaşığı doğranmış taze nane

1 yemek kaşığı doğranmış taze kişniş

½ çay kaşığı öğütülmüş kimyon

⅛ çay kaşığı karabiber

1 orta boy salatalık, soyulmuş, çekirdeği çıkarılmış ve
    doğranmış (1 bardak)
Limon dilimleri

1. Bir blender veya mutfak robotunda soğan, zencefil,
    sarımsak, zeytinyağı, limon suyu, kimyon, zerdeçal,
    yenibahar, tarçın, karabiber ve kırmızı biberi birleştirin.
    Örtün ve pürüzsüz hale gelinceye kadar karıştırın veya
    karıştırın.

2. Soyma bıçağının ucunu kullanarak bagetlerin her birini dört
    veya beş kez delin. Bagetleri büyük bir kaptaki, yeniden
    kapatılabilir büyük bir plastik torbaya yerleştirin. Soğan
    karışımını ekleyin; katlamak için bükün. Torbayı ara sıra
    çevirerek buzdolabında 2 ila 24 saat marine edin.

3. Izgarayı önceden ısıtın. Tavuğu marinattan çıkarın.
    Bagetlerdeki fazla turşuyu kağıt havluyla silin. Bagetleri
    ısıtılmamış bir ızgara tavasının veya folyo kaplı fırın
    tepsisinin rafına yerleştirin. Isı kaynağından 6 ila 8 inç
    uzakta 15 dakika kızartın. Bagetleri ters çevirin; Yaklaşık
    10 dakika veya tavuk artık pembe olmayana (175°F)
    kadar kızartın.

4. Raitayı yapmak için orta boy bir kapta kaju kreması, limon
    suyu, nane, kişniş, kimyon ve karabiberi birleştirin.
    Salatalığı yavaşça karıştırın.

5. Tavuğu raita ve limon dilimleriyle servis edin.

KÖK SEBZELI, KUŞKONMAZLI VE YEŞIL ELMALI NANELI KÖRILI TAVUK GÜVECI

HAZIRLIK:30 dakika pişirin: 35 dakika bekletin: 5 dakika bekletin
Yapılışı: 4 porsiyon

2 yemek kaşığı rafine hindistan cevizi veya zeytinyağı

2 kilo kemikli tavuk göğsü, istenirse derisi soyulmuş

1 su bardağı doğranmış soğan

2 yemek kaşığı rendelenmiş taze zencefil

2 yemek kaşığı kıyılmış sarımsak

2 yemek kaşığı tuzsuz köri tozu

2 yemek kaşığı doğranmış, çekirdekleri çıkarılmış jalapeño (bkz.Uç)

4 bardak tavuk kemik suyu (bkz.Yemek tarifi) veya tuz eklenmemiş tavuk suyu

2 orta boy tatlı patates (yaklaşık 1 pound), soyulmuş ve doğranmış

2 orta boy pancar (yaklaşık 6 ons), soyulmuş ve doğranmış

1 su bardağı çekirdekleri çıkarılmış, doğranmış domates

8 ons kuşkonmaz, kesilmiş ve 1 inç uzunluklarda kesilmiş

1 13,5 onsluk doğal hindistan cevizi sütü kutusu (Nature's Way gibi)

½ bardak doğranmış taze kişniş

Elmalı Nane Tadı (bkz.Yemek tarifi, altında)

Kireç takozlar

1. 6 litrelik bir fırında, yağı orta-yüksek ateşte ısıtın. Gruplar halinde çalışarak tavuğu sıcak yağda kızartın ve yaklaşık 10 dakika boyunca eşit şekilde kahverengileşmesini sağlayın. Tavuğu bir tabağa aktarın; kenara koymak.

2. Isıyı orta seviyeye getirin. Tencereye soğan, zencefil, sarımsak, köri ve jalapeno ekleyin. 5 dakika veya soğan yumuşayana kadar pişirin ve karıştırın. Tavuk kemiği suyunu, tatlı patatesi, pancarı ve domatesi karıştırın. Tavuk parçalarını tekrar tencereye yerleştirin ve tavuğun mümkün olduğu kadar sıvıya batmasını sağlayın. Isıyı orta-düşük seviyeye düşürün. Kapağını kapatıp 30 dakika veya tavuk artık pembe olmayıncaya ve sebzeler yumuşayana kadar pişirin. Kuşkonmaz, hindistancevizi sütü ve kişnişi karıştırın. Ateşten alın. 5 dakika bekletin. Gerekirse tavuğun kemiklerini keserek servis kaselerine eşit şekilde dağıtın. Elma nanesi ve limon dilimleri ile servis yapın.

Elma-Nane Tadı: Bir mutfak robotunda, 1/2 bardak şekersiz hindistancevizi pullarını toz haline gelinceye kadar doğrayın. 1 bardak taze kişniş yaprağı ekleyin ve buharlayın; 1 su bardağı taze nane yaprağı; 1 Granny Smith elması, çekirdeği çıkarılmış ve doğranmış; 2 çay kaşığı doğranmış, çekirdekleri çıkarılmış jalapeño (bkz.Uç); ve 1 yemek kaşığı taze limon suyu. Her şey ince bir şekilde doğranana kadar nabız atın.

AHUDUDU, PANCAR VE KIZARMIŞ BADEM ILE IZGARA TAVUK PAILLARD SALATASI

HAZIRLIK:30 dakika Kavurma: 45 dakika Marine etme: 15 dakika Izgarada pişirme: 8 dakika Yapım: 4 porsiyon

½ bardak bütün badem

1½ çay kaşığı zeytinyağı

1 orta boy kırmızı şalgam

1 orta boy altın şalgam

2 kemiksiz, derisiz tavuk göğsü yarısı (6 ila 8 ons)

2 su bardağı taze veya dondurulmuş ahududu, çözülmüş

3 yemek kaşığı beyaz veya kırmızı şarap sirkesi

2 yemek kaşığı doğranmış taze tarhun

1 yemek kaşığı kıyılmış arpacık soğanı

1 çay kaşığı Dijon tarzı hardal (bkz.<u>Yemek tarifi</u>)

¼ bardak zeytinyağı

Karabiber

8 su bardağı bahar karışımı salata

1. Bademler için fırını önceden 400°F'a ısıtın. Bademleri küçük bir fırın tepsisine yayın ve ½ çay kaşığı zeytinyağıyla karıştırın. Yaklaşık 5 dakika veya kokulu ve altın rengi olana kadar pişirin. Soğumaya bırakın. (Bademler 2 gün önceden kavrularak hava almayan bir kapta saklanabilir.)

2. Pancarlar için, her pancarı küçük bir folyo parçasının üzerine koyun ve her birine ½ çay kaşığı zeytinyağı gezdirin. Folyoyu pancarların etrafına gevşek bir şekilde sarın ve bunları bir fırın tepsisine veya bir fırın tepsisine yerleştirin. Pancarları 400°F fırında 40 ila 50 dakika veya bıçakla delindiğinde yumuşayana kadar kızartın. Fırından

çıkarın ve yeterince soğuyana kadar bekletin. Soyma bıçağıyla cildi çıkarın. Pancarları dilimler halinde kesin ve bir kenara koyun. (Kırmızı pancarların altın renkli pancarların renginin solmasını önlemek için pancarları birbirine karıştırmaktan kaçının. Pancarlar 1 gün önceden kavrulup buzdolabında saklanabilir. Servis yapmadan önce oda sıcaklığına getirin.)

3. Tavuk için her tavuk göğsünü yatay olarak ikiye bölün. Her tavuk parçasını iki parça plastik ambalajın arasına yerleştirin. Bir et tokmağı kullanarak yaklaşık 1 cm kalınlığa kadar hafifçe dövün. Tavuğu sığ bir kaseye koyun ve bir kenara koyun.

4. Salata sosunu hazırlamak için büyük bir kapta ¾ fincan ahududuları bir çırpma teli ile hafifçe ezin (kalan ahududuları salata için saklayın). Sirke, tarhun, arpacık soğanı ve Dijon usulü hardalı ekleyin; Karıştırmak için çırpın. ¼ bardak zeytinyağını ince bir akışa ekleyin ve iyice karıştırmak için çırpın. Tavuğun üzerine 1/2 bardak salata sosunu dökün; Tavuğu kaplayın (kalan salata sosunu salata için ayırın). Tavukları oda sıcaklığında 15 dakika marine edin. Tavuğu marinattan çıkarın ve üzerine biber serpin. Marinayı kaseye atın.

5. Kömürlü veya gazlı ızgara için tavuğu doğrudan orta ateşteki ızgara ızgarasının üzerine yerleştirin. Kapağı kapatın ve 8 ila 10 dakika veya tavuk artık pembe olmayana kadar ızgara yapın. Izgara işleminin yarısında bir kez çevirin. (Tavuk ızgara tavada da pişirilebilir.)

6. Büyük bir kapta marul, pancar ve kalan 1¼ bardak ahududuyu birleştirin. Ayrılmış salata sosunu salatanın

üzerine dökün; kaplamak için yavaşça fırlatın. Salatayı
dört servis tabağına bölün; her birinin üstüne ızgara tavuk
göğsü parçası koyun. Kavrulmuş bademleri kabaca
doğrayın ve her şeyin üzerine serpin. Derhal servis yapın.

TAZE DOMATES SOSU VE SEZAR SALATASI ILE BROKOLI RABE ILE DOLDURULMUŞ TAVUK GÖĞSÜ

HAZIRLIK:40 dakika pişirin: 25 dakika pişirin: 6 kişilik

3 yemek kaşığı zeytinyağı

2 çay kaşığı kıyılmış sarımsak

¼ çay kaşığı ezilmiş kırmızı biber

1 pound brokoli raab, kesilmiş ve doğranmış

½ bardak kükürtsüz altın kuru üzüm

½ bardak su

4 5 ila 6 onsluk derisiz, kemiksiz tavuk göğsü yarısı

1 su bardağı doğranmış soğan

3 su bardağı doğranmış domates

¼ bardak doğranmış taze fesleğen

2 çay kaşığı kırmızı şarap sirkesi

3 yemek kaşığı taze limon suyu

2 yemek kaşığı Paleo Mayo (bkz.<u>Yemek tarifi</u>)

2 çay kaşığı Dijon usulü hardal (bkz.<u>Yemek tarifi</u>)

1 çay kaşığı kıyılmış sarımsak

½ çay kaşığı karabiber

¼ bardak zeytinyağı

10 su bardağı doğranmış marul

1. Büyük bir tavada 1 yemek kaşığı zeytinyağını orta-yüksek ateşte ısıtın. Sarımsak ve ezilmiş kırmızı biberi ekleyin; 30 saniye veya kokusu çıkana kadar pişirin ve karıştırın. Doğranmış brokoliyi, kuru üzümleri ve ½ bardak suyu ekleyin. Kapağı kapatın ve yaklaşık 8 dakika veya brokoli raab'ı solup yumuşayana kadar pişirin. Kapağı tavadan çıkarın. Fazla suyun buharlaşmasına izin verin. Kenara koymak.

2. Rulo için her tavuk göğsünü uzunlamasına ikiye bölün. Her parçayı iki parça plastik ambalajın arasına yerleştirin. Bir et tokmağının düz tarafını kullanarak tavuğu yaklaşık ¼ inç kalınlığa kadar hafifçe dövün. Her rulo için, kısa uçlardan birine yaklaşık ¼ bardak brokoli-raab karışımı koyun; Doldurmayı tamamen kaplamak için yanları yuvarlayın ve katlayın. (Roulades 1 gün önceden yapılabilir ve pişirilmeye hazır olana kadar buzdolabında saklanabilir.)

3. Büyük bir tavada 1 yemek kaşığı zeytinyağını orta-yüksek ateşte ısıtın. Ruloları, dikiş tarafı aşağı bakacak şekilde ekleyin. Yaklaşık 8 dakika veya her tarafı kızarana kadar pişirin. Pişirme sırasında iki veya üç kez çevirin. Ruloları bir tabağa aktarın.

4. Sosu hazırlamak için kalan zeytinyağından 1 yemek kaşığını tavada orta ateşte ısıtın. Soğanı ekleyin; yaklaşık 5 dakika veya yarı saydam olana kadar pişirin. Domates ve fesleğeni karıştırın. Tavadaki sosun üzerine ruloları yerleştirin. Orta-yüksek ateşte kaynatın; Isıyı azaltın. Kapağını kapatın ve yaklaşık 5 dakika veya domatesler parçalanmaya başlayıncaya, ancak şeklini koruyana ve rulolar ısıtılıncaya kadar pişirin.

5. Sosu hazırlamak için limon suyu, Paleo mayonez, Dijon usulü hardal, sarımsak ve karabiberi küçük bir kasede çırpın. ¼ bardak zeytinyağını gezdirin ve emülsifiye olana kadar çırpın. Büyük bir kapta, kıyılmış marulla sosu atın. Servis yapmak için marulları altı servis tabağına bölün. Ruloları dilimleyin ve marulun üzerine dizin; Domates sosunu gezdirin.

IZGARA TAVUKLU SHAWARMA SARMA, BAHARATLI SEBZELER VE ÇAM FISTIĞI SOS ILE

HAZIRLIK:20 dakika marine edin: 30 dakika ızgara yapın: 10 dakika pişirin: 8 sarma (4 porsiyon)

1½ pound derisiz, kemiksiz tavuk göğsü yarımları, 2 inçlik parçalar halinde kesilmiş

5 yemek kaşığı zeytinyağı

2 yemek kaşığı taze limon suyu

1¾ çay kaşığı öğütülmüş kimyon

1 çay kaşığı kıyılmış sarımsak

1 çay kaşığı kırmızı biber

½ çay kaşığı köri tozu

½ çay kaşığı öğütülmüş tarçın

¼ çay kaşığı acı biber

1 orta boy kabak, ikiye bölünmüş

½ inçlik dilimler halinde kesilmiş 1 küçük patlıcan

1 büyük sarı biber, ikiye bölünmüş ve çekirdeği çıkarılmış

1 orta boy kırmızı soğan, dörde bölünmüş

8 kiraz domates

8 adet büyük tereyağlı marul yaprağı

Kavrulmuş çam fıstığı sosu (bkz.<u>Yemek tarifi</u>)

Limon dilimleri

1. Marine etmek için küçük bir kapta 3 yemek kaşığı zeytinyağı, limon suyu, 1 çay kaşığı kimyon, sarımsak, ½ çay kaşığı kırmızı biber, köri tozu, ¼ çay kaşığı tarçın ve acı biberi birleştirin. Tavuk parçalarını sığ bir tabaktaki büyük, açılıp kapanabilir bir plastik torbaya yerleştirin. Marine edilmiş tavuğun üzerine dökün. çantayı kapatın;

Giymek için çantayı çevirin. Torbayı ara sıra çevirerek buzdolabında 30 dakika marine edin.

2. Tavuğu marinattan çıkarın; Turşuyu atın. Tavuğu dört uzun şişin üzerine geçirin.

3. Kabak, patlıcan, biber ve soğanı fırın tepsisine yerleştirin. 2 yemek kaşığı zeytinyağını gezdirin. Kalan ¾ çay kaşığı kimyonu, kalan ½ çay kaşığı kırmızı biberi ve kalan ¼ çay kaşığı tarçını serpin. Sebzeleri hafifçe ovalayın. Domatesleri iki şişin üzerine geçirin.

3. Kömürlü veya gazlı ızgara için tavuk ve domates kebaplarını ve sebzeleri orta ateşte ızgara rafına yerleştirin. Tavuk artık pembe olmayıncaya ve sebzeler hafifçe kömürleşip çıtır çıtır oluncaya kadar örtün ve ızgara yapın. Bir kez çevirin. Tavuk için 10 ila 12 dakika, sebzeler için 8 ila 10 dakika, domates için 4 dakika bekleyin.

4. Tavuğu şişten çıkarın. Tavuğu doğrayın ve kabak, patlıcan ve biberleri lokma büyüklüğünde doğrayın. Domatesleri şişten çıkarın (doğraymayın). Tavukları ve sebzeleri bir tabağa dizin. Servis yapmak için marul yaprağına biraz tavuk ve sebze koyun; Kızartılmış çam fıstığı sosunu gezdirin. Limon dilimleri ile servis yapın.

FIRINDA MANTARLI TAVUK GÖĞSÜ, SARIMSAKLI KARNABAHAR PÜRESI VE KAVRULMUŞ KUŞKONMAZ

BITIRMEK IÇIN BAŞLA:50 dakika: 4 porsiyon

4 10 ila 12 ons kemikli, derili tavuk göğsü yarımları

3 su bardağı küçük beyaz mantar

1 su bardağı ince dilimlenmiş pırasa veya sarı soğan

2 su bardağı tavuk kemik suyu (bkz.<u>Yemek tarifi</u>) veya tuz eklenmemiş tavuk suyu

1 bardak kuru beyaz şarap

1 büyük demet taze kekik

Karabiber

Beyaz şarap sirkesi (isteğe bağlı)

1 baş karnabahar, çiçeklerine ayrılmış

12 diş sarımsak, soyulmuş

2 yemek kaşığı zeytinyağı

Beyaz veya acı biber

1 pound kuşkonmaz, kesilmiş

2 çay kaşığı zeytinyağı

1. Fırını 400°F'ye önceden ısıtın. Tavuk göğüslerini 3 litrelik dikdörtgen bir fırın tepsisine yerleştirin. Üstüne mantar ve pırasa ekleyin. Tavuk ve sebzelerin üzerine tavuk kemik suyunu ve şarabı dökün. Üzerine kekik serpin ve karabiber serpin. Kaseyi folyo ile örtün.

2. 35 ila 40 dakika kadar veya tavuk kayıtlarına anında okunan bir termometre 170°F'ye yerleştirilene kadar pişirin. Kekik dallarını çıkarın ve atın. İstenirse, servis yapmadan önce buğulama sıvısını bir miktar sirke ile tatlandırın.

2. Bu arada büyük bir tencerede karnabaharı ve sarımsağı üzerini kaplayacak kadar kaynar suda yaklaşık 10 dakika veya iyice yumuşayana kadar pişirin. Karnabaharı ve sarımsağı boşaltın, pişirme sıvısından 2 yemek kaşığı ayırın. Bir mutfak robotuna veya büyük bir karıştırma kabına karnabaharı ve ayrılmış pişirme sıvısını ekleyin. Pürüzsüz* oluncaya kadar işleyin veya patates eziciyle ezin. 2 yemek kaşığı zeytinyağını karıştırın ve beyaz biberle tatlandırın. Servis yapana kadar sıcak tutun.

3. Kuşkonmazı bir fırın tepsisine tek kat halinde düzenleyin. 2 çay kaşığı zeytinyağını gezdirin ve kaplayın. Karabiber serpin. 400°F'lik fırında yaklaşık 8 dakika veya gevrekleşene kadar bir kez karıştırarak kızartın.

4. Karnabahar püresini altı servis tabağına paylaştırın. Üstüne tavuk, mantar ve pırasa ekleyin. Biraz buğulama sıvısını gezdirin; Kavrulmuş kuşkonmazla servis yapın.

*Not: Mutfak robotu kullanıyorsanız aşırı işlememeye dikkat edin, aksi takdirde karnabahar çok ince olur.

TAY USULÜ TAVUK ÇORBASI

HAZIRLIK:30 dakika dondurun: 20 dakika pişirin: 50 dakika pişirin: 4 ila 6 porsiyon

DEMIRHINDI MISK KOKULU, EKŞI BIR MEYVEDIRHINT, TAYLAND VE MEKSIKA MUTFAĞINDA KULLANILIR. TICARI OLARAK ÜRETILEN PEK ÇOK DEMIRHINDI EZMESI ŞEKER IÇERIR; IÇERMEYEN BIR TANE ALDIĞINIZDAN EMIN OLUN. KAFFIR LIMONU YAPRAKLARI ÇOĞU ASYA PAZARINDA TAZE, DONDURULMUŞ VE KURUTULMUŞ OLARAK MEVCUTTUR. BUNLARI BULAMAZSANIZ, BU TARIFTEKI YAPRAKLARI 1½ ÇAY KAŞIĞI INCE EZILMIŞ LIMON KABUĞU RENDESI ILE DEĞIŞTIRIN.

- 2 sap limon otu, doğranmış
- 2 yemek kaşığı rafine edilmemiş hindistancevizi yağı
- ½ su bardağı ince dilimlenmiş yeşil soğan
- 3 büyük diş sarımsak, ince dilimlenmiş
- 8 su bardağı tavuk kemik suyu (bkz.<u>Yemek tarifi</u>) veya tuz eklenmemiş tavuk suyu
- ¼ bardak şeker ilavesiz demirhindi ezmesi (ör. Tamicon markası)
- 2 yemek kaşığı nori gevreği
- 3 adet taze Tay biberi, ince dilimlenmiş, tohumları bozulmamış (bkz.<u>Uç</u>)
- 3 kafir limon yaprağı
- 1 3 inç parça zencefil, ince dilimlenmiş
- 4 6 ons derisiz, kemiksiz tavuk göğsü yarısı
- 1 14,5 onsluk tuz eklenmemiş ateşte kavrulmuş doğranmış domates, dökülmemiş
- 6 ons ince kuşkonmaz mızrakları, kesilmiş ve çapraz olarak ½ inçlik parçalar halinde kesilmiş

½ fincan paketlenmiş Tay fesleğen yaprağı (bkz.<u>Fark etme</u>)

1. Bıçağın arkasını kullanarak limon otu saplarını sıkı bir baskıyla sıkın. Ezilmiş sapları ince ince doğrayın.

2. Hollanda fırınında hindistancevizi yağını orta ateşte ısıtın. Limon otu ve yeşil soğan ekleyin; Sık sık karıştırarak 8 ila 10 dakika pişirin. Sarımsak ekleyin; pişirin ve 2 ila 3 dakika veya çok hoş kokulu olana kadar karıştırın.

3. Tavuk kemiği suyunu, demirhindi ezmesini, nori pullarını, pul biberi, limon yapraklarını ve zencefili ekleyin. Kaynatın; Isıyı azaltın. Kapağını kapatıp 40 dakika pişirin.

4. Bu arada tavuğu 20 ila 30 dakika veya sertleşinceye kadar dondurun. Tavukları ince dilimler halinde kesin.

5. Çorbayı ince gözenekli bir süzgeçten geçirerek büyük bir tencereye süzün ve tatlarını çıkarmak için büyük bir kaşığın arkasıyla bastırın. Katıları atın. Çorbayı kaynatın. Tavuğu, suyu süzülmemiş domatesi, kuşkonmazı ve fesleğeni ekleyip karıştırın. Isıyı azaltın; Kapağı açık olarak 2 ila 3 dakika veya tavuk iyice pişene kadar pişirin. Derhal servis yapın.

HINDIBA ILE LIMON VE ADAÇAYI KAVRULMUŞ TAVUK

HAZIRLIK:15 dakika Kızartma: 55 dakika Beklemede: 5 dakika
Yapılışı: 4 porsiyon

LIMON DILIMLERI VE ADAÇAYI YAPRAĞITAVUĞUN DERISININ
ALTINA YERLEŞTIRILEN ET, PIŞERKEN ENFES BIR TADA
SAHIPTIR VE FIRINDAN ÇIKTIKTAN SONRA ÇITIR, OPAK
DERISININ ALTINDA GÖZ ALICI BIR TASARIM OLUŞTURUR.

4 kemikli tavuk göğsü yarısı (derili)

1 limon, çok ince dilimlenmiş

4 büyük adaçayı yaprağı

2 çay kaşığı zeytinyağı

2 çay kaşığı Akdeniz baharatları (bkz.<u>Yemek tarifi</u>)

½ çay kaşığı karabiber

2 yemek kaşığı sızma zeytinyağı

2 arpacık, dilimlenmiş

2 diş sarımsak, kıyılmış

4 baş hindiba, uzunlamasına ikiye bölünmüş

1. Fırını 400°F'ye önceden ısıtın. Bir soyma bıçağı kullanarak,
   her bir göğüs yarısındaki deriyi dikkatlice gevşetin ve bir
   tarafa bağlı bırakın. Her göğsün üzerine 2 limon dilimi ve
   1 adaçayı yaprağı koyun. Cildi yavaşça geri çekin ve
   sabitlemek için hafifçe bastırın.

2. Tavuğu sığ bir kızartma tavasına dizin. Tavuğu 2 çay kaşığı
   zeytinyağıyla fırçalayın; Akdeniz baharatı ve ¼ çay kaşığı
   biber serpin. Kapağı açık olarak yaklaşık 55 dakika veya
   cilt kızarana ve gevrekleşene kadar kızartın ve anında
   okunan bir termometre tavuk kayıtlarına 170° F

yerleştirin. Servis yapmadan önce tavuğu 10 dakika bekletin.

3. Büyük bir tavada 2 yemek kaşığı zeytinyağını orta-yüksek ateşte ısıtın. Arpacık soğanı ekleyin; yaklaşık 2 dakika veya yarı saydam olana kadar pişirin. Hindibanın üzerine kalan ¼ çay kaşığı biberi serpin. Tavaya sarımsak ekleyin. Hindibayı tavaya ekleyin ve kenarlarını kesin. 5 dakika veya kızarana kadar pişirin. Hindibayı dikkatlice ters çevirin; 2 ila 3 dakika daha veya yumuşayana kadar pişirin. Tavukla servis yapın.

TAZE SOĞAN, SU TERESI VE TURPLU TAVUK

HAZIRLIK:20 dakika pişirin: 8 dakika pişirin: 30 dakika pişirin: 4 kişilik

TURP PIŞIRMEK KULAĞA TUHAF GELSE DE,BURADA ZAR ZOR PIŞIRILIYORLAR; BIBERLI ISIRIKLARINI YUMUŞATIP BIRAZ YUMUŞAK HALE GETIRMEYE YETECEK KADAR.

3 yemek kaşığı zeytinyağı

4 10 ila 12 ons kemikli tavuk göğsü yarısı (derili)

1 yemek kaşığı limon otu baharatı (bkz.<u>Yemek tarifi</u>)

¾ bardak dilimlenmiş yeşil soğan

6 turp, ince dilimlenmiş

¼ çay kaşığı karabiber

½ fincan sek beyaz vermut veya sek beyaz şarap

⅓ fincan kaju kreması (bkz.<u>Yemek tarifi</u>)

1 demet su teresi, sapları kesilmiş, kabaca doğranmış

1 yemek kaşığı doğranmış taze dereotu

1. Fırını 350°F'ye önceden ısıtın. Büyük bir tavada zeytinyağını orta-yüksek ateşte ısıtın. Tavuğu kağıt havluyla kurulayın. Tavuğu derisi aşağı bakacak şekilde 4 ila 5 dakika veya derisi altın rengi ve gevrek oluncaya kadar pişirin. Tavuğu ters çevirin; yaklaşık 4 dakika veya kızarana kadar pişirin. Tavuğu derisi yukarı bakacak şekilde sığ bir fırın tepsisine yerleştirin. Tavuğu limon-ot baharatıyla serpin. Yaklaşık 30 dakika veya anında okunan bir termometre 170°F'lik tavuk kayıtlarına yerleştirilene kadar pişirin.

2. Bu arada tavadaki damlamaların 1 çorba kaşığı dışında tamamını dökün. Kızartma tavasını tekrar ısıtın. Yeşil soğan ve turp ekleyin; 3 dakika veya yeşil soğanlar solana

kadar pişirin. Biber serpin. Vermut ekleyin ve kızaran parçaları kazımak için karıştırın. Kaynatın; küçülene ve hafifçe koyulaşana kadar pişirin. Kaju kremasını karıştırın; kaynatın. Tavayı ocaktan alın. Su teresi ve dereotu ekleyin ve su teresi soluncaya kadar yavaşça karıştırın. Pişirme kabında biriken tavuk sularını karıştırın.

3. Yeşil soğan karışımını dört servis tabağına paylaştırın. Üstüne tavuk ekleyin.

TAVUK TIKKA MASALA

BU ÇOK POPÜLER BIR HINT YEMEĞINDEN ILHAM ALDIBU HIÇ HINDISTAN'DA YARATILMAMIŞ OLABILIR, ANCAK BIRLEŞIK KRALLIK'TAKI BIR HINT RESTORANINDA YARATILMIŞ OLABILIR. GELENEKSEL TAVUK TIKKA MASALA, TAVUĞUN YOĞURTTA MARINE EDILMESINI VE ARDINDAN KREMALI BAHARATLI DOMATES SOSUNDA PIŞIRILMESINI GEREKTIRIR. SÜT ÜRÜNLERININ SOSUN TADINI ETKILEMEDIĞI BU VERSIYONUN TADI ÖZELLIKLE TEMIZDIR. PIRINÇ YERINE ÇITIR KABAK ERIŞTESININ ÜZERINDE SERVIS EDILIYOR.

1½ pound derisiz, kemiksiz tavuk butları veya yarım tavuk göğsü

¾ bardak doğal hindistan cevizi sütü (Doğanın Yolu gibi)

6 diş sarımsak, kıyılmış

1 yemek kaşığı rendelenmiş taze zencefil

1 çay kaşığı öğütülmüş kişniş

1 çay kaşığı kırmızı biber

1 çay kaşığı öğütülmüş kimyon

¼ çay kaşığı öğütülmüş kakule

4 yemek kaşığı rafine hindistan cevizi yağı

1 su bardağı doğranmış havuç

1 ince dilimlenmiş kereviz

½ su bardağı doğranmış soğan

2 jalapeño veya serrano biberi, çekirdekleri çıkarılmış (istenirse) ve ince doğranmış (bkz.<u>Uç</u>)

1 14,5 onsluk tuz eklenmemiş ateşte kavrulmuş doğranmış domates, dökülmemiş

1 8 onsluk tuz eklenmemiş domates sosu

1 çay kaşığı tuz ilavesiz garam masala

3 orta boy kabak

½ çay kaşığı karabiber

Taze kişniş yaprakları

1. Tavuk budu kullanıyorsanız her bir budu üç parçaya bölün. Tavuk göğsü yarımlarını kullanıyorsanız, her göğsün yarısını 2 inçlik parçalar halinde kesin ve kalın parçaları daha ince hale getirmek için yatay olarak ikiye bölün. Tavuğu büyük, yeniden kapatılabilir bir plastik torbaya koyun. kenara koymak. Marine etmek için küçük bir kapta 1/2 bardak hindistan cevizi sütü, sarımsak, zencefil, kişniş, kırmızı biber, kimyon ve kakuleyi birleştirin. Torbadaki tavuğun üzerine marineyi dökün. Torbayı kapatın ve tavuğu kaplamak için çevirin. Torbayı orta boy bir kaseye yerleştirin. Torbayı ara sıra çevirerek buzdolabında 4 ila 6 saat marine edin.

2. Izgarayı önceden ısıtın. Büyük bir tavada 2 yemek kaşığı hindistancevizi yağını orta-yüksek ateşte ısıtın. Havuç, kereviz ve soğan ekleyin; Ara sıra karıştırarak 6 ila 8 dakika veya sebzeler yumuşayana kadar pişirin. Jalapeno ekleyin; 1 dakika daha pişirin ve karıştırın. Süzülmemiş domatesleri ve domates sosunu ekleyin. Kaynatın; Isıyı azaltın. Yaklaşık 5 dakika veya sos hafifçe kalınlaşana kadar kapağı açık olarak pişirin.

3. Tavuğu süzün ve turşuyu atın. Tavuk parçalarını kızartma tavasının ısıtılmamış rafına tek kat halinde yerleştirin. 8 ila 10 dakika boyunca veya tavuk artık pembe olmayana kadar, kavurma işleminin yarısında bir kez dönerek, ısıdan 5 ila 6 inç kadar kızartın. Pişmiş tavuk parçalarını

ve kalan ¼ bardak hindistan cevizi sütünü tavadaki domates karışımına ekleyin. 1 ila 2 dakika veya tamamen ısıtılıncaya kadar pişirin. Ateşten alın; Garam masala'yı karıştırın.

4. Kabağı kesin. Julienne kesici kullanarak kabakları uzun, ince şeritler halinde kesin. Ekstra büyük bir tavada, kalan 2 yemek kaşığı hindistancevizi yağını orta-yüksek ateşte ısıtın. Kabak şeritlerini ve karabiberi ekleyin. 2 ila 3 dakika veya kabaklar gevrekleşinceye kadar pişirin ve karıştırın.

5. Servis etmek için kabakları dört servis tabağına bölün. Üzerine tavuk karışımını ekleyin. Kişniş yapraklarıyla süsleyin.

RAS EL HANOUT TAVUK BUTLARI

HAZIRLIK:20 dakika pişirin: 40 dakika pişirin: 4 kişilik

RAS EL HANOUT BIR KOMPLEKSTIRVE EGZOTIK FAS BAHARAT
KARIŞIMI. BU IFADE ARAPÇA'DA "DÜKKAN BAŞKANI" ANLAMINA
GELIYOR VE BAHARAT SATICISININ SUNDUĞU EN IYI
BAHARATLARIN EŞSIZ BIR KARIŞIMI OLDUĞU ANLAMINA
GELIYOR. RAS EL HANOUT IÇIN BELIRLENMIŞ BIR TARIF
YOKTUR, ANCAK GENELLIKLE ZENCEFIL, ANASON, TARÇIN,
HINDISTAN CEVIZI, KARABIBER, KARANFIL, KAKULE,
KURUTULMUŞ ÇIÇEKLER (LAVANTA VE GÜL GIBI), ÇÖREK OTU,
TOPUZ, HAVLICAN VE ZERDEÇAL KARIŞIMI IÇERIR.

1 yemek kaşığı öğütülmüş kimyon

2 çay kaşığı öğütülmüş zencefil

1½ çay kaşığı karabiber

1½ çay kaşığı öğütülmüş tarçın

1 çay kaşığı öğütülmüş kişniş

1 çay kaşığı acı biber

1 çay kaşığı öğütülmüş yenibahar

½ çay kaşığı öğütülmüş karanfil

¼ çay kaşığı öğütülmüş hindistan cevizi

1 çay kaşığı safran ipi (isteğe bağlı)

4 yemek kaşığı rafine edilmemiş hindistancevizi yağı

8 adet kemikli tavuk budu

1 8 onsluk paket taze mantar, dilimlenmiş

1 su bardağı doğranmış soğan

1 su bardağı doğranmış kırmızı, sarı veya yeşil dolmalık biber
    (1 büyük)

4 Roma domatesi, çekirdekleri çıkarılmış, çekirdekleri
    çıkarılmış ve doğranmış

4 diş sarımsak, kıyılmış

2 adet 13,5 onsluk kutu doğal hindistan cevizi sütü (Nature's
    Way gibi)

3 ila 4 yemek kaşığı taze limon suyu

¼ bardak ince kıyılmış taze kişniş

1. Ras el hanout'u yapmak için orta havanda veya küçük bir
   kapta kimyon, zencefil, karabiber, tarçın, kişniş, kırmızı
   biber, yenibahar, karanfil, hindistan cevizi ve istenirse
   safranı birleştirin. İyice karıştırmak için havaneli ile
   öğütün veya bir kaşıkla karıştırın. Kenara koymak.

2. Ekstra büyük bir tavada 2 yemek kaşığı hindistancevizi
   yağını orta ateşte ısıtın. Tavuk uyluklarını 1 çorba kaşığı
   Ras el Hanout serpin. Tavaya tavuk ekleyin; Pişirmenin
   yarısında bir kez çevirerek 5 ila 6 dakika veya kızarana
   kadar pişirin. Tavuğu tavadan çıkarın. sıcak tut.

3. Aynı tavada kalan 2 yemek kaşığı hindistancevizi yağını
   orta-yüksek ateşte ısıtın. Mantar, soğan, biber, domates ve
   sarımsak ekleyin. Yaklaşık 5 dakika veya sebzeler
   yumuşayana kadar pişirin ve karıştırın. Hindistan cevizi
   sütü, limon suyu ve 1 çorba kaşığı Ras el Hanout'u
   karıştırın. Tavuğu tavaya geri koyun. Kaynatın; Isıyı
   azaltın. Yaklaşık 30 dakika veya tavuk yumuşayana kadar
   kapağı kapalı olarak pişirin.

4. Tavuk, sebze ve sosu kaselerde servis edin. Kişniş ile
   süsleyin.

Not: Artık Ras el Hanout'u 1 aya kadar kapalı bir kapta
   saklayın.

KIZARMIŞ ISPANAK ÜZERINDE STARFRUIT ADOBO TAVUK BUTLARI

HAZIRLIK:40 dakika marine edin: 4 ila 8 saat pişirin: 45 dakika
Yapın: 4 porsiyon

GEREKIRSE TAVUĞU KURULAYINTAVADA KIZARMADAN ÖNCE MARINEDEN ÇIKTIKTAN SONRA KAĞIT HAVLUYLA. ETIN ÜZERINDE KALAN SIVI KIZGIN YAĞIN IÇINE SIÇRAYACAKTIR.

8 kemikli tavuk budu (1½ ila 2 pound), derisi yüzülmüş

¾ bardak beyaz veya elma sirkesi

¾ bardak taze portakal suyu

½ bardak su

¼ bardak doğranmış soğan

¼ bardak doğranmış taze kişniş

4 diş sarımsak, kıyılmış

½ çay kaşığı karabiber

1 yemek kaşığı zeytinyağı

1 yıldız meyve (carambola), dilimlenmiş

1 su bardağı tavuk kemik suyu (bkz.<u>Yemek tarifi</u>) veya tuz eklenmemiş tavuk suyu

2 adet 9 onsluk paket taze ıspanak yaprağı

Taze kişniş yaprakları (isteğe bağlı)

1. Tavuğu paslanmaz çelik veya emaye Hollanda fırınına yerleştirin. kenara koymak. Orta boy bir kapta sirke, portakal suyu, su, soğan, ¼ bardak doğranmış kişniş, sarımsak ve biberi birleştirin. tavukların üzerine dökün. Kapağını kapatıp buzdolabında 4 ila 8 saat marine edin.

2. Tavuk karışımını Hollanda fırınında orta-yüksek ateşte kaynatın; Isıyı azaltın. Örtün ve 35 ila 40 dakika veya tavuk artık pembe olmayana kadar pişirin.

3. Ekstra büyük bir tavada yağı orta-yüksek ateşte ısıtın. Maşa kullanarak tavuğu Hollandalı fırından çıkarın ve pişirme sıvısını boşaltmak için hafifçe sallayın. Pişirme sıvısını rezerve edin. Tavuğun her tarafını kızartın, sık sık eşit şekilde kızartın.

4. Bu arada sos için pişirme sıvısını süzün. Hollanda fırınına geri dönün. Kaynatın. Hafifçe azaltmak ve kalınlaştırmak için yaklaşık 4 dakika pişirin; Yıldız meyvesi ekleyin; 1 dakika pişirin. Tavuğu Hollanda fırınındaki sosa geri koyun. Ateşten alın; sıcak tutmak için örtün.

5. Tavayı silin. Tavuk kemik suyunu tavaya dökün. Orta-yüksek ateşte kaynatın; Ispanağı karıştırın. Isıyı azaltın; Sürekli karıştırarak 1 ila 2 dakika veya ıspanak soluncaya kadar pişirin. Delikli bir kaşık kullanarak ıspanakları servis tabağına aktarın. Üstüne tavuk ve sos ekleyin. İstenirse kişniş yaprakları serpilir.

CHIPOTLE MAYO ILE TAVUK POBLANO LAHANA TACOS

BU DAĞINIK AMA LEZZETLI TACOLARI SERVIS EDINYEMEK YERKEN LAHANA YAPRAĞININ IÇINDEN DÜŞEN IÇ MALZEMEYI ÇATALLA ÇIKARIN.

1 yemek kaşığı zeytinyağı

2 poblano şili, çekirdekleri çıkarılmış (istenirse) ve doğranmış (bkz.<u>Uç</u>)

½ su bardağı doğranmış soğan

3 diş sarımsak, kıyılmış

1 yemek kaşığı tuzsuz biber tozu

2 çay kaşığı öğütülmüş kimyon

½ çay kaşığı karabiber

1 8 onsluk tuz eklenmemiş domates sosu

¾ bardak tavuk kemik suyu (bkz.<u>Yemek tarifi</u>) veya tuz eklenmemiş tavuk suyu

1 çay kaşığı kurutulmuş Meksika kekiği, ezilmiş

1 ila 1½ pound derisiz, kemiksiz tavuk uylukları

10 ila 12 orta ila büyük lahana yaprağı

Chipotle Paleo Mayo (bkz.<u>Yemek tarifi</u>)

1. Fırını 350°F'ye önceden ısıtın. Fırına dayanıklı büyük bir tavada yağı orta-yüksek ateşte ısıtın. Poblano biberini, soğanı ve sarımsağı ekleyin; 2 dakika pişirin ve karıştırın. Kırmızı biber, kimyon ve karabiberi karıştırın; pişirin ve bir dakika daha karıştırın (gerekirse baharatların yanmaması için ısıyı azaltın).

2. Tavaya domates sosunu, tavuk kemik suyunu ve kekiği ekleyin. Kaynatın. Tavuk butlarını dikkatlice domates

karışımına ekleyin. Tavayı kapakla kapatın. Yaklaşık 40 dakika veya tavuk yumuşayana kadar (175°F) pişirin ve pişirmenin yarısında tavuğu çevirin.

3. Tavuğu tavadan çıkarın; hafifçe soğumaya bırakın. İki çatal kullanarak tavukları ısırık büyüklüğünde parçalar halinde kesin. Kıyılmış tavukları tavadaki domates karışımına karıştırın.

4. Servis etmek için tavuk karışımını lahana yapraklarının içine kaşıkla dökün. Üstüne Chipotle Paleo Mayo ekleyin.

BEBEK HAVUÇ VE ÇIN LAHANASI ILE TAVUK GÜVEÇ

HAZIRLIK:15 dakika pişirin: 24 dakika bekletin: Yapın: 4 porsiyon

BEBEK ÇIN LAHANASI ÇOK HASSASTIRVE BIR ANDA
PIŞIRILEBILIR. ÇITIR ÇITIR VE TAZE KALMASINI SAĞLAMAK
(SOLMAMIŞ VE ISLAK OLMAMASI) IÇIN, GÜVECI SERVIS
ETMEDEN ÖNCE KAPALI GÜVEÇTE (OCAĞIN DIŞINDA) EN FAZLA
2 DAKIKA BOYUNCA BUHARDA PIŞTIĞINDEN EMIN OLUN.

2 yemek kaşığı zeytinyağı

1 pırasa dilimlenmiş (beyaz ve açık yeşil kısımları)

4 bardak tavuk kemik suyu (bkz.<u>Yemek tarifi</u>) veya tuz
 eklenmemiş tavuk suyu

1 bardak kuru beyaz şarap

1 yemek kaşığı Dijon usulü hardal (bkz.<u>Yemek tarifi</u>)

½ çay kaşığı karabiber

1 dal taze kekik

1¼ pound derisiz, kemiksiz tavuk butları, 1 inçlik parçalar
 halinde kesilmiş

8 ons uçlu bebek havuç, temizlenmiş, dilimlenmiş ve
 uzunlamasına ikiye bölünmüş veya 2 orta boy havuç,
 çapraz olarak dilimlenmiş

2 çay kaşığı ince doğranmış limon kabuğu (bir kenara koyun)

1 yemek kaşığı taze limon suyu

2 baş baby bok choy

½ çay kaşığı doğranmış taze kekik

1. Büyük bir tencerede 1 yemek kaşığı zeytinyağını orta ateşte
 ısıtın. Pırasaları sıcak yağda 3 ila 4 dakika veya solana
 kadar pişirin. Tavuk kemiği suyu, şarap, Dijon usulü
 hardal, ¼ çay kaşığı biber ve kekik dalını ekleyin.
 Kaynatın; Isıyı azaltın. 10 ila 12 dakika veya sıvı yaklaşık

üçte bir oranında azalıncaya kadar pişirin. Kekik dalını atın.

2. Hollandalı bir fırında, kalan 1 yemek kaşığı zeytinyağını orta-yüksek ateşte ısıtın. Kalan ¼ çay kaşığı biberi tavuğa serpin. Sıcak yağda yaklaşık 3 dakika veya ara sıra karıştırarak kızarana kadar pişirin. Gerekirse yağı boşaltın. Azaltılmış et suyu karışımını dikkatlice tencereye ekleyin ve kahverengi parçaları kazıyın. Havuç ekleyin. Kaynatın; Isıyı azaltın. Kapağı açık olarak 8 ila 10 dakika veya havuçlar yumuşayana kadar pişirin. Limon suyunu karıştırın. Çin lahanasını uzunlamasına ikiye bölün. (Çikolata başları büyükse dörde bölün.) Çin lahanasını bir tencereye tavuğun üzerine yerleştirin. Örtün ve ocaktan alın; 2 dakika bekletin.

3. Güveci sığ kaselere koyun. Limon kabuğu rendesi ve kekik serpin.

KAJU PORTAKALLI TAVUK VE BIBERLERI MARUL SARGISINDA KIZARTIN

BITIRMEK IÇIN BAŞLA:45 dakika: 4 ila 6 porsiyon

İKI TÜR BULACAKSINIZHINDISTAN CEVIZI YAĞI RAFLARDA - RAFINE EDILMIŞ VE SIZMA VEYA RAFINE EDILMEMIŞ. ADINDAN DA ANLAŞILACAĞI GIBI SIZMA HINDISTANCEVIZI YAĞI, TAZE, ÇIĞ HINDISTAN CEVIZININ ILK PRESLENMESINDEN ELDE EDILIR. ORTA VEYA ORTA ATEŞTE PIŞIRIRKEN HER ZAMAN DAHA IYI BIR SEÇIMDIR. RAFINE EDILMIŞ HINDISTANCEVIZI YAĞININ DUMANLANMA NOKTASI DAHA YÜKSEKTIR. BU NEDENLE YALNIZCA YÜKSEK ATEŞTE YEMEK PIŞIRIRKEN KULLANIN.

1 yemek kaşığı rafine hindistan cevizi yağı

1½ ila 2 pound derisiz, kemiksiz tavuk butları, ince, ısırık büyüklüğünde şeritler halinde kesilmiş

3 adet kırmızı, turuncu ve/veya sarı biber, sapları çıkarılmış, çekirdekleri çıkarılmış ve ısırık boyutunda şeritler halinde kesilmiş

1 kırmızı soğan, uzunlamasına ikiye bölünmüş ve ince dilimlenmiş

1 çay kaşığı ince kıyılmış portakal kabuğu (bir kenara koyun)

½ su bardağı taze portakal suyu

1 yemek kaşığı doğranmış taze zencefil

3 diş sarımsak, kıyılmış

1 bardak tuzsuz çiğ kaju fıstığı, kızartılmış ve iri kıyılmış (bkz.Uç)

½ su bardağı dilimlenmiş yeşil soğan (4)

8 ila 10 tereyağı veya buzdağı marul yaprağı

1. Hindistan cevizi yağını wok veya büyük bir tavada yüksek
   ateşte ısıtın. Tavuk ekleyin; 2 dakika pişirin ve karıştırın.
   Dolmalık biber ve soğanı ekleyin; 2 ila 3 dakika veya
   sebzeler yumuşamaya başlayana kadar pişirin ve
   karıştırın. Tavuğu ve sebzeleri wok'tan çıkarın. sıcak tut.

2. Wok'u kağıt havluyla silin. Portakal suyunu wok'a ekleyin.
   Yaklaşık 3 dakika veya meyve suları kaynayıp biraz
   azalıncaya kadar pişirin. Zencefil ve sarımsak ekleyin. 1
   dakika pişirin ve karıştırın. Tavuk ve biber karışımını
   wok'a geri koyun. Portakal kabuğu rendesini, kaju fıstığını
   ve yeşil soğanı karıştırın. Marul yapraklarını karıştırarak
   kızartın.

VIETNAM HINDISTAN CEVIZLI LIMONLU TAVUK

BITIRMEK IÇIN BAŞLA:30 dakikada: 4 porsiyon

BU HIZLI HINDISTAN CEVIZI KÖRILIDOĞRAMAYA BAŞLADIĞINIZ ANDAN ITIBAREN 30 DAKIKA IÇINDE SOFRANIZDA OLABILIR, BU DA ONU YOĞUN BIR HAFTA IÇIN IDEAL BIR YEMEK HALINE GETIRIYOR.

- 1 yemek kaşığı rafine edilmemiş hindistancevizi yağı
- 4 sap limon otu (yalnızca soluk kısımlar)
- 1 3,2 onsluk paket istiridye mantarı, doğranmış
- 1 büyük soğan, ince dilimlenmiş, halkaları yarıya bölünmüş
- 1 taze jalapeno, çekirdeği çıkarılmış ve ince doğranmış (bkz.Uç)
- 2 yemek kaşığı doğranmış taze zencefil
- 3 diş sarımsak doğranmış
- 1½ pound derisiz, kemiksiz tavuk butları, ince dilimlenmiş ve ısırık büyüklüğünde parçalar halinde kesilmiş
- ½ bardak doğal hindistan cevizi sütü (Doğanın Yolu gibi)
- ½ bardak tavuk kemik suyu (bkz.Yemek tarifi) veya tuz eklenmemiş tavuk suyu
- 1 yemek kaşığı tuzsuz kırmızı köri tozu
- ½ çay kaşığı karabiber
- ½ su bardağı doğranmış taze fesleğen yaprağı
- 2 yemek kaşığı taze limon suyu
- Şekersiz traşlanmış hindistan cevizi (isteğe bağlı)

1. Ekstra büyük bir tavada hindistancevizi yağını orta ateşte ısıtın. Limon otu ekleyin; 1 dakika pişirin ve karıştırın. Mantarları, soğanı, jalapeno biberini, zencefili ve sarımsağı ekleyin; 2 dakika veya soğan yumuşayana kadar

pişirin ve karıştırın. Tavuk ekleyin; yaklaşık 3 dakika veya tavuk tamamen pişene kadar pişirin.

2. Küçük bir kapta hindistan cevizi sütü, tavuk kemiği suyu, köri tozu ve karabiberi birleştirin. Tavadaki tavuk karışımına ekleyin; 1 dakika veya sıvı hafifçe kalınlaşana kadar pişirin. Ateşten alın; Taze fesleğen ve limon suyunu karıştırın. İstenirse porsiyonlara hindistan cevizi serpebilirsiniz.

IZGARA TAVUK ELMALI ESCAROLE SALATASI

HAZIRLIK:30 dakika ızgara: 12 dakika: 4 porsiyon

DAHA TATLI BIR ELMAYI SEVIYORSANIZ,HONEYCRISP'I TERCIH EDIN. EKŞI ELMALARDAN HOŞLANIYORSANIZ, GRANDMA SMITH'I KULLANIN VEYA DENGELEMEK IÇIN HER IKI ÇEŞIDIN KARIŞIMINI DENEYIN.

3 orta boy Honeycrisp veya Granny Smith elması

4 çay kaşığı sızma zeytinyağı

½ su bardağı ince kıyılmış arpacık soğanı

2 yemek kaşığı kıyılmış taze maydanoz

1 yemek kaşığı kümes hayvanı baharatı

3 ila 4 kafalı eskarol, dörde bölünmüş

1 kiloluk öğütülmüş tavuk veya hindi göğsü

⅓ su bardağı kıyılmış kavrulmuş fındık*

⅓ fincan Klasik Fransız Salata Sosu (bkz.<u>Yemek tarifi</u>)

1. Elmaları ikiye bölün ve çekirdeklerini çıkarın. 1 adet elmayı soyun ve ince ince doğrayın. Orta boy bir tavada, 1 çay kaşığı zeytinyağını orta-yüksek ateşte ısıtın. Kıyılmış elma ve arpacık soğanı ekleyin; yumuşayana kadar pişirin. Maydanoz ve kümes hayvanı baharatını karıştırın. Soğuması için bir kenara koyun.

2. Bu arada kalan 2 elmayı çekirdeklerini çıkarın ve dilimler halinde kesin. Elma dilimlerinin ve hindibanın kesilmiş taraflarını kalan zeytinyağıyla fırçalayın. Büyük bir kapta tavuk ve soğutulmuş elma karışımını birleştirin. Sekiz parçaya bölün; Her kısmı 2 inç çapında bir köfte haline getirin.

3. Kömürlü veya gazlı ızgara için, tavuk köftelerini ve elma
   dilimlerini doğrudan ızgara ızgarasının üzerine, orta
   ateşte yerleştirin. Kapağını kapatın ve 10 dakika ızgara
   yapın, ızgara işleminin yarısına gelindiğinde bir kez
   çevirin. Escarole ekleyin, yanlarını kesin. Kapağı kapatın
   ve 2 ila 4 dakika veya hindiba hafifçe kömürleşene,
   elmalar yumuşayana ve tavuk köfteleri pişene (165°F)
   kadar ızgara yapın.

4. Hindibayı kabaca doğrayın. Escarole'u dört servis tabağına
   bölün. Üstüne tavuk köftesi, elma dilimleri ve fındık
   ekleyin. Klasik Fransız sosunu gezdirin.

*İpucu: Fındıkları kızartmak için fırını önceden 350°F'ye ısıtın.
   Fıstıkları sığ bir fırın tepsisine tek kat halinde yayın. Eşit
   şekilde kızartmak için bir kez karıştırarak 8 ila 10 dakika
   veya hafifçe kızarıncaya kadar pişirin. Fındıkların hafifçe
   soğumasını bekleyin. Sıcak fındıkları temiz bir mutfak
   havlusunun üzerine koyun. Gevşek derileri çıkarmak için
   havluyla ovalayın.

LAHANA KURDELELI TOSKANA TAVUK ÇORBASI

HAZIRLIK:15 dakika pişirin: 20 dakika pişirin: 4 ila 6 porsiyon

BIR KAŞIK PESTO- FESLEĞEN VEYA ROKA SEÇIMINIZ - TUZSUZ KÜMES HAYVANI BAHARATIYLA TATLANDIRILAN BU DOYURUCU ÇORBAYA HARIKA BIR LEZZET KATAR. LAHANA ŞERITLERINI PARLAK YEŞIL VE MÜMKÜN OLDUĞUNCA BESIN AÇISINDAN YOĞUN TUTMAK IÇIN, ONLARI YALNIZCA SOLANA KADAR PIŞIRIN.

1 kiloluk öğütülmüş tavuk

2 yemek kaşığı tuz ilavesiz kümes hayvanı baharatı

1 çay kaşığı ince kıyılmış limon kabuğu

1 yemek kaşığı zeytinyağı

1 su bardağı doğranmış soğan

½ su bardağı doğranmış havuç

1 su bardağı doğranmış kereviz

4 diş sarımsak, dilimlenmiş

4 bardak tavuk kemik suyu (bkz.<u>Yemek tarifi</u>) veya tuz eklenmemiş tavuk suyu

1 14,5 onsluk tuz eklenmemiş ateşte kavrulmuş domates, süzülmemiş

1 demet Lacinato (Toskana) lahanası, sapları çıkarılmış, şeritler halinde kesilmiş

2 yemek kaşığı taze limon suyu

1 çay kaşığı doğranmış taze kekik

Fesleğen veya roka pesto (bkz.<u>Tarifler</u>)

1. Orta boy bir kapta öğütülmüş tavuğu, kümes hayvanı baharatını ve limon kabuğu rendesini birleştirin. İyice karıştırın.

2. Hollandalı bir fırında zeytinyağını orta ateşte ısıtın. Tavuk karışımını, soğanı, havuçları ve kerevizi ekleyin; Eti parçalamak için tahta kaşıkla karıştırarak 5 ila 8 dakika veya tavuk artık pembeleşmeyene kadar pişirin ve pişirmenin son 1 dakikasında sarımsak dilimlerini ekleyin. Tavuk kemik suyunu ve domatesi ekleyin. Kaynatın; Isıyı azaltın. Kapağını kapatıp 15 dakika pişirin. Lahana, limon suyu ve kekiği karıştırın. Yaklaşık 5 dakika veya lahana soluncaya kadar kapağı açık olarak pişirin.

3. Servis yapmak için çorbayı servis kaselerine koyun ve üzerine fesleğen veya roka pesto ekleyin.

TAVUK LARB

POPÜLER TAYLAND YEMEĞININ BU VERSIYONUMARUL
YAPRAKLARINDA SERVIS EDILEN OLDUKÇA BAHARATLI
ÖĞÜTÜLMÜŞ TAVUK VE SEBZELER INANILMAZ DERECEDE HAFIF
VE LEZZETLIDIR; GELENEKSEL OLARAK IÇINDEKILER
LISTESINDE YER ALAN ILAVE ŞEKER, TUZ VE BALIK SOSU
(SODYUM ORANI ÇOK YÜKSEKTIR) IÇERMEZ. SARIMSAK, TAY
BIBERI, LIMON OTU, LIMON KABUĞU RENDESI, LIMON SUYU,
NANE VE KIŞNIŞ ILE BUNLARI ÖZLEMEYECEKSINIZ.

1 yemek kaşığı rafine hindistan cevizi yağı

2 pound öğütülmüş tavuk (%95 yağsız veya öğütülmüş göğüs)

8 ons mantar, ince doğranmış

1 su bardağı ince doğranmış kırmızı soğan

1 ila 2 Tay biberi, çekirdekleri çıkarılmış ve ince doğranmış
(bkz.<u>Uç</u>)

2 yemek kaşığı kıyılmış sarımsak

2 yemek kaşığı ince kıyılmış limon otu *

¼ çay kaşığı öğütülmüş karanfil

¼ çay kaşığı karabiber

1 yemek kaşığı ince kıyılmış limon kabuğu

½ su bardağı taze limon suyu

⅓ fincan sıkıca paketlenmiş taze nane yaprakları, doğranmış

⅓ bardak sıkıca paketlenmiş taze kişniş, doğranmış

1 baş marul, yapraklarına ayrılmış

1. Ekstra büyük bir tavada hindistancevizi yağını orta-yüksek
ateşte ısıtın. Öğütülmüş tavuk, mantar, soğan, biber(ler),

sarımsak, limon otu, karanfil ve karabiber ekleyin. 8 ila 10 dakika veya tavuk tamamen pişene kadar pişirin, pişerken eti parçalamak için tahta bir kaşıkla karıştırın. Gerekirse boşaltın. Tavuk karışımını ekstra geniş bir kaseye yerleştirin. Ara sıra karıştırarak yaklaşık 20 dakika veya oda sıcaklığından biraz daha sıcak olana kadar soğumaya bırakın.

2. Limon kabuğu rendesini, limon suyunu, naneyi ve kişnişi tavuk karışımına karıştırın. Marul yapraklarıyla servis yapın.

*İpucu: Limon otunu hazırlamak için keskin bir bıçağa ihtiyacınız var. Kökün alt kısmındaki odunsu sapı ve bitkinin tepesindeki sert yeşil bıçakları kesin. İki sert dış katmanı çıkarın. Yaklaşık 6 inç uzunluğunda ve açık sarı-beyaz bir limon otu parçanız olmalıdır. Sapı yatay olarak ikiye bölün ve ardından her yarımı tekrar ikiye bölün. Sapın her çeyreğini çok ince dilimleyin.

SZECHWAN KAJU SOSLU TAVUK BURGER

HAZIRLIK:30 dakika pişirin: 5 dakika ızgara yapın: 14 dakika pişirin: 4 kişilik

ISITILARAK YAPILAN BIBER YAĞIEZILMIŞ KIRMIZI BIBERLI ZEYTINYAĞI BAŞKA ŞEKILLERDE DE KULLANILABILIR. TAZE SEBZELERI SOTELEMEK IÇIN KULLANIN VEYA KIZARTMADAN ÖNCE BIRAZ BIBER YAĞIYLA KARIŞTIRIN.

2 yemek kaşığı zeytinyağı

¼ çay kaşığı ezilmiş kırmızı biber

2 bardak çiğ kaju parçaları, kavrulmuş (bkz.<u>Uç</u>)

¼ bardak zeytinyağı

½ su bardağı rendelenmiş kabak

¼ bardak ince kıyılmış frenk soğanı

2 diş sarımsak, kıyılmış

2 çay kaşığı ince kıyılmış limon kabuğu

2 çay kaşığı rendelenmiş taze zencefil

1 kiloluk öğütülmüş tavuk veya hindi göğsü

SZECHWAN KAJU SOSU

1 yemek kaşığı zeytinyağı

2 yemek kaşığı ince doğranmış yeşil soğan

1 yemek kaşığı rendelenmiş taze zencefil

1 çay kaşığı Çin beş baharat tozu

1 çay kaşığı taze limon suyu

4 yeşil yapraklı veya tereyağlı marul yaprağı

1. Biber yağı için zeytinyağını ve ezilmiş kırmızı biberi küçük bir tencerede karıştırın. 5 dakika kısık ateşte ısıtın. Ateşten alın; soğumaya bırakın.

2. Kaju ezmesi yapmak için kaju fıstığını ve 1 yemek kaşığı
   zeytinyağını blendera koyun. Kapağı kapatın ve
   kremalayın, gerektiği gibi kenarlarını kazıyın ve ¼
   bardağın tamamı kullanılıncaya ve tereyağı çok yumuşak
   olana kadar her seferinde 1 çorba kaşığı zeytinyağı
   ekleyin. kenara koymak.

3. Büyük bir kapta kabak, frenk soğanı, sarımsak, limon
   kabuğu rendesi ve 2 çay kaşığı zencefili birleştirin.
   Öğütülmüş tavuğu ekleyin; iyice karıştırın. Tavuk
   karışımını dört adet ½ inç kalınlığında köfte haline getirin.

4. Kömürlü veya gazlı ızgara için köfteleri orta ateşte
   doğrudan yağlanmış rafa yerleştirin. Kapağı kapatın ve 14
   ila 16 dakika veya pişene kadar (165°F) ızgara yapın.
   Izgara işleminin yarısına gelindiğinde bir kez çevirin.

5. Bu arada sosu hazırlamak için zeytinyağını küçük bir tavada
   orta ateşte ısıtın. Yeşil soğanları ve 1 yemek kaşığı
   zencefili ekleyin; Orta ateşte 2 dakika veya soğanlar
   yumuşayıncaya kadar pişirin. 1/2 bardak kaju yağı (kalan
   kaju yağını buzdolabında 1 haftaya kadar soğutun),
   kırmızı biber yağı, limon suyu ve beş baharat tozu ekleyin.
   2 dakika daha pişirelim. Ateşten alın.

6. Köfteleri marul yaprakları üzerinde servis edin. Sosla
   gezdirin.

TÜRK USULÜ TAVUK SARMA

HAZIRLIK:25 dakika bekletin: 15 dakika pişirin: 8 dakika Yapılışı:
4 ila 6 porsiyon

"BAHARAT" ARAPÇADA SADECE "BAHARAT" ANLAMINA
GELIR.ORTA DOĞU MUTFAĞINDA ÇOK AMAÇLI BIR BAHARATTIR
VE GENELLIKLE BALIK, KÜMES HAYVANLARI VE ET IÇIN
OVALAMA OLARAK VEYA ZEYTINYAĞIYLA KARIŞTIRILARAK
SEBZE TURŞUSU OLARAK KULLANILIR. TARÇIN, KIMYON, KIŞNIŞ,
KARANFIL VE KIRMIZI BIBER GIBI SICAK, TATLI BAHARATLARIN
KOMBINASYONU ONU ÖZELLIKLE AROMATIK HALE GETIRIR.
KURU NANE ILAVESI TÜRK DOKUNUŞUDUR.

⅓ su bardağı doğranmış kükürtsüz kuru kayısı

⅓ su bardağı doğranmış kuru incir

1 yemek kaşığı rafine edilmemiş hindistancevizi yağı

1½ pound öğütülmüş tavuk göğsü

3 su bardağı dilimlenmiş pırasa (sadece beyaz ve açık yeşil
  kısımları) (3)

⅔ orta boy yeşil ve/veya kırmızı biber, ince dilimlenmiş

2 yemek kaşığı Baharat baharatı (bkz.<u>Yemek tarifi</u>, altında)

2 diş sarımsak, kıyılmış

1 su bardağı doğranmış, çekirdekleri çıkarılmış domates (2
  orta boy)

1 su bardağı doğranmış, çekirdekleri çıkarılmış salatalık (½
  orta boy)

½ bardak kıyılmış, kabukları soyulmuş, tuzsuz antep fıstığı,
  kızartılmış (bkz.<u>Uç</u>)

¼ bardak doğranmış taze nane

¼ bardak doğranmış taze maydanoz

8 ila 12 büyük tereyağlı veya Bibb marul yaprağı

1. Kayısı ve incirleri küçük bir kaseye koyun. ⅔ bardak kaynar su ekleyin; 15 dakika bekletin. Boşaltın, 1/2 bardak sıvı ayırın.

2. Ekstra büyük bir tavada hindistancevizi yağını orta ateşte ısıtın. Öğütülmüş tavuğu ekleyin; Eti pişerken parçalamak için tahta kaşıkla karıştırarak 3 dakika pişirin. Pırasayı, biberi, Baharat baharatını ve sarımsağı ekleyin; yaklaşık 3 dakika veya tavuk hazır olana ve biber yumuşayana kadar pişirin ve karıştırın. Kayısı, incir, ayrılmış sıvı, domates ve salatalık ekleyin. Yaklaşık 2 dakika veya domates ve salatalıklar parçalanmaya başlayana kadar pişirin ve karıştırın. Antep fıstığı, nane ve maydanozu ekleyip karıştırın.

3. Tavuk ve sebzeleri marul yapraklarıyla servis edin.

Baharat Baharatı: Küçük bir kapta 2 yemek kaşığı tatlı kırmızı biberi birleştirin; 1 yemek kaşığı karabiber; 2 çay kaşığı kuru nane, ince doğranmış; 2 çay kaşığı öğütülmüş kimyon; 2 çay kaşığı öğütülmüş kişniş; 2 çay kaşığı öğütülmüş tarçın; 2 çay kaşığı öğütülmüş karanfil; 1 çay kaşığı öğütülmüş hindistan cevizi; ve 1 çay kaşığı öğütülmüş kakule. Sıkıca kapatılmış bir kapta oda sıcaklığında saklayın. Yaklaşık yarım bardak kadar çıkıyor.

İSPANYOL CORNISH TAVUKLARI

HAZIRLIK:10 dakika pişirin: 30 dakika kızartın: 6 dakika pişirin: 2 ila 3 porsiyon

BU TARIF DAHA KOLAY OLAMAZDI- VE SONUÇLAR KESINLIKLE MUHTEŞEM. BOL MIKTARDA FÜME KIRMIZI BIBER, SARIMSAK VE LIMON BU MINIK KUŞLARA HARIKA BIR LEZZET KATIYOR.

2 1½ kiloluk Cornish tavuğu, donmuşsa çözülmüş

1 yemek kaşığı zeytinyağı

6 diş kıyılmış sarımsak

2 ila 3 yemek kaşığı füme tatlı kırmızı biber

¼ ila ½ çay kaşığı acı biber (isteğe bağlı)

2 limon, dörde bölünmüş

2 yemek kaşığı taze maydanoz (isteğe bağlı)

1. Fırını 375°F'ye önceden ısıtın. Av tavuklarını dörde bölmek için mutfak makası veya keskin bir bıçak kullanarak dar omurganın her iki tarafını da kesin. Kuşu kelebekle açın ve tavuğu göğüs kemiğinden ikiye bölün. Uylukları göğüsten ayırarak deriyi ve eti keserek arka kısmı çıkarın. Kanadı ve göğsü sağlam tutun. Cornish Tavuk parçalarının üzerine zeytinyağını sürün. Kıyılmış sarımsak serpin.

2. Tavuk parçalarını deri tarafı yukarı bakacak şekilde ekstra büyük bir fırın tepsisine yerleştirin. Füme kırmızı biber ve acı biber serpin. Tavukların üzerine limon dilimlerini sıkın; Tavaya limon çeyrekleri ekleyin. Tavuğun deri parçalarını tavada ters çevirin. Örtün ve 30 dakika pişirin. Tavayı fırından çıkarın.

3. Izgarayı önceden ısıtın. Parçaları pense ile döndürün. Fırın rafını ayarlayın. Derisi kızarana ve tavuklar pişene kadar (175°F) 6 ila 8 dakika boyunca 4 ila 5 inç sıcaklıkta ateşte kavurun. Tava suyunu gezdirin. İstenirse maydanoz serpin.

Salatalar. Derhal servis yapın.